수능X내신
고등영문법
2400제

100% 수능 기출 및 모평으로 구성된 실전 독해 연습!

딱 필요한 영작 연습을 통한 내신과 수능 정복!

수능X내신 고등 영문법 2400제

저자   이선미

디자인   디자인 A

발행일   개정 2판 6쇄   2024년 1월 2일

발행처   타보름 교육

이메일   taborm@naver.com

수능 영단어
한 권으로 끝!

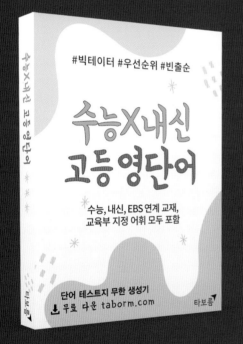

수능, 내신, EBS 연계교재
빈출 필수 영단어
10,000개 포함

단어 테스트지 생성기 무료 다운로드

■ 빈출 순 2,500단어씩 총 4개의 파트로 구분
■ 유사 어원/파생어군 통합 배치
■ 독해에 꼭 필수적인 뜻까지 포함
■ 1페이지에 25단어씩 동일하게 배치

수능X내신 고등 영문법 2400제를 시작하기 전에

이 책은 기초부터 고난도까지 필수 영문법 단기완성을 목표로 하고 있습니다.
하지만 확신하건대 영문법은 결코 쉽지가 않습니다.
그렇기에 더욱 첫 단추가 중요하며 유기적으로 얽힌 연결고리를 이해해야 합니다.

아이러니하게도 "왜"라는 단어 하나가 여러분의 운명을 결정지을 지도 모릅니다.
왜? 보어라고 하지?
왜? 동명사를 쓰지?
왜? 왜? 왜?

분명한 것은, 알고 넘어가지 않으면 금새 사라집니다.
이해하면 다음 단계가 궁금해질 것입니다.

자 그럼 한번 생각해보는 것입니다.

우리는 영어를 공부할 것입니다.

영어는 언어입니다.

우리는 매일 언어를 사용합니다. 따라서 항상 사람들 사이에서는 말과 말, 글과 글이 오가기
마련입니다. 언어는 상호 교환적이기 때문에 말하거나 쓰는 입장에서는 최소한의 단어를 사용해
많은 의미를 전달하려고 할 테고, 듣거나 읽는 입장을 위해 의미를 명확하게 하려는 특징을
가지고 있을 것입니다.
따라서 언어의 규칙인 문법은 이에 맞게 진화해오고 있습니다.
이 두 가지를 기억한다면 문법을 암기가 아닌 이해로 다가갈 수 있을 것입니다.

필수적인 영문법을 제대로 공부해야 독해든 서술형이든 해결할 수가 있습니다. 사실상 많은
학생들이 영문법을 어렵다고 느끼고 있습니다. 실제로도 너무 많은 내용을 무분별하게 배우기
때문에 더 어렵다고 느껴지고 결국 영문법을 등한시하게 될 수도 있습니다.
따라서 수능X내신 고등 영문법 2400제에서는 아주 필수적인 것만 이해시키고 그것을 반복시켜
스스로 깨닫도록 유도하도록 설계를 했고, 여러 해에 거쳐 수업에 적용해 나오게 되었습니다.
실제 노하우가 남긴 수능x내신 고등 영문법 2400제를 통해 영어 실력 향상의 초석을 닦길
응원합니다.

타보름 대표 이선미

"수능X내신 고등영문법 2400제"의
차별화된 특징

단계별로 나눠진
짜임새 있는 구성

진정한 노하우를 전달하는
시험과 독해를 위한 BEST 문법

시험과 독해를 위한 BEST문법 1

◆ 분사로 감정 표현하기

짜증나고, 신나고, 등의 감정을 표현할 때 분사를 사용할 수 있는
수동을 나타내는 과거분사(p.p.)를 쓸까요? 능동을 나타내는 현?

한번 생각해 볼까요?
제가 갑자기 하하하 웃다, 엉엉 울다, 버럭 화내면 이상하겠죠?
왤까요? 보통 감정의 변화는 외부의 요인에 '의해' 좌우되는 것이

좋아하는 그녀에게 난 그저 호구였단 사실에 '의해서' 우울하게 ?
처음 산 로또에 당첨됐다는 사실에 '의해서' 흥분되는 것입니다.

꼭 필요한 문법만
반복과 영작을 통해 서술형도 잡고
고난도 독해 완성

✏️ Actual Test

Actual Exercise 1 다음 주어진 문장의 형식을 확인하고 해석하세요.

01 Some water plants stay afloat.

02 The king made his empire stable.

03 Susan lies down for a short nap every afternoon.

04 Their complaints sound reasonable to me.

05 Dolphin deaths decreased by over 80 percent between 1990

water
(n)수생
(물에 ㅅ

afloat
(a) 물에

Check up	Actua

Exercise 3 주어진 문장을 (진주어 / 가주어) 구문으로 바꾸어 쓰세요.

01 To swim in the ocean is very tiring.
→

02 To make a 5 meter tall snowman was almost impossible.
→

03 To stay up all night is not a good idea.
→

04 To sing in the bath tub is fun

단원마다 있는
방대한 양의 수능 기출 문제로
독해 감각 높이기

저자 직강!
고퀄리티 온라인 강의
taborm.com(유료)

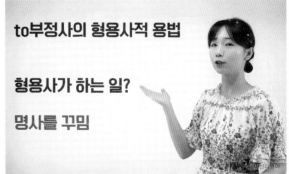

CONTENTS

CONTENTS ◢

수능X내신 고등영문법 2400제 들어가기 전에...★

수능X내신 고등영문법 2400제에 오신 여러분 환영합니다!

반드시 이해하고 넘어가자! 이것저것 헷갈린다면 요것만 기억하세요!
문장은 꼭 주어(주인공이)와 동사(뭘 하는지)는 반드시 있어야 돼요!
그리고 명사! 형용사! 부사!

명사가 하는 일은?
주어, 목적어, 보어 자리에 들어간다!

형용사가 하는 일은?
명사를 꾸며요!

부사가 하는 일은?
명사 빼고 다 꾸며요!

즉, 동사, 형용사, 또 다른 부사, 문장 전체를 꾸밉니다!

꾸민다는 것은 있으면 좋지만~~ 없어서 문장구조가 흔들리지 않는다는 것을 의미해요!!

예를 들어 명사절이든, 명사구든, 동명사든
"명사"가 들어가면 명사처럼 주어, 목적어, 보어 자리에 들어간다는 것!
이것을 잊지 마세요!!

또 하나!

문장은 주인공(주어)가 뭘 하는지(동사)는 아주 기본으로 들어간다는 것!

이건 꼭 기억하세요!!

수능X내신
고등영문법
2400제

수능X내신 고등 영문법 2400제 한눈에 보기!

▶ 문장의 구성

（주인공）
❶ **주어 + 동사**
명사+은/는/이/가

（보충어）
❷ **주어 + 동사 + 보어**
명사/형용사

❸ **주어 + 동사 + 목적어**
명사+을/를

❹ **주어 + 동사 + 간접 목적어 + 직접 목적어**
명사+에게   명사+을/를

❺ **주어 + 동사 + 목적어 + 목적보어**
（목적어를 보충）

3단계 학습 맵!

1단계	2단계	3단계
• 단어	**• 구 (준동사)✄1**	**• 절✄2**
: 의미를 가진 최소 단위	: 두 개 이상의 단어가 세트를 이룸	: S + V

명사

주어, 목적어, 보어 자리에 들어감

→ **to부정사, 동명사**

→ **명사절**
명사절을 이끄는 접속사는?
that, what, if, whether, who, where 등

형용사

명사수식

→ **to부정사, 분사**
미래적 의미

• 현재분사: 능동
• 과거분사: 수동

→ **형용사절**
형용사절을 이끄는 접속사는?
who, which, where, when 등

부사

명사 빼고 다 수식

→ **to부정사**
❶ ~하기 위해서
❷ 무의지: 해석 앞 - 뒤
❸ 감정단어: 해석 뒤 - 앞

→ **부사절**
부사절을 이끄는 접속사는?
when, while, as, because, although 등

동사

➤ 동사만의 기능
❶ 부정표현
❷ 시제표현
❸ 조동사 거느림
❹ 태 표현

✄1 준동사란? 원래는 동사였지만 약간의 형태를 바꿔 동사가 아닌 다른 역할(명사, 형용사, 부사)를 함.

✄2 절(S+V)와 문장의 차이점? 문장 구성요소를 다 갖추어야 문장으로써 마침표를 찍을 수 있다.
그렇지 못하면 문장이 아닌 절이다.
예) 'I ate'는 문장이 아닌 절이다.

1

UNIT ONE

단어와 문장의 이해

1단계 들어가기 전에...

1단계는 단어입니다. 단어는 의미를 가진 최소단위입니다.

우리는 단어 중에서도 명사, 형용사, 부사, 동사 만을 집중적으로 배울 것이며
명사는 주어, 목적어, 보어 자리에 들어가고 형용사는 명사를 꾸며주고
부사는 명사 빼고 다 (즉, 형용사, 동사, 또다른 부사 문장전체)를 꾸미는 역할을 한다는 것!
꼭 기억하세요.

UNIT 1 1단계: 단어와 문장의 이해

☀ Check up

> ### A 단어와 구, 절의 구분
>
> ▪ 우리가 배울 단위는 세 가지이다.
>
> **❶ 단어:** 의미를 가지는 최소 단위
> ex) clock, boy, name etc
>
> **❷ 구:** 2개 이상의 단어가 세트를 이루는 것
> ex) in the morning, to drive
>
> **❸ 절:** 최소 한 개 이상의 문장 구성 요소(즉 주어, 목적어 등)와 동사로 구성된 것. 구성 요소를 모두 갖추고 있으면 문장인 동시에 절이지만 하나의 요소라도 빠져 불완전하다면 문장이라고 볼 수 없으나 절이라고 볼 순 있다.
>
> ex) • She has the book. 문장(o), 절(o)
>   • She has 문장(x), 절(o)
>   • Has the book 문장(x), 절(o)

Exercise 1 다음 밑줄 친 부분이 단어, 구, 절 중 어떤 것인지 구별하세요.

01   I bought him a <u>blue</u> bicycle.

02   <u>Because I was young,</u> I could buy tickets.

03   They were swimming <u>in the pool.</u>

04   She met a boy <u>who wore a red shirt.</u>

05   They often <u>hang out</u> with me.

Exercise 1-1 다음 밑줄 친 부분이 단어, 구, 절 중 어떤 것인지 구별하세요.

01   She <u>put off</u> her assignment.

02   <u>As soon as she called him</u>, she felt something strange.

03   I met a <u>very</u> cute cat <u>in the street.</u>

04   I was upset <u>because of his favor.</u>

05   <u>Today</u> I bought an <u>expensive</u> purse.

 Check up

---

B 문장을 구성하는 단어의 종류

◾ 우리가 배울 단어의 종류는 크게 4가지로 나뉜다.

❶ **명사**: 이름을 의미하는 단어
   ex) 책상, 사랑, student, book, etc

❷ **동사**: 동작을 나타내는 단어
   ex) 자다, 놀다, study, eat, etc

❸ **형용사**: 모양이나 형태를 나타내는 단어
   ex) 좋은, 착한, pretty, nice, etc

❹ **부사**: 단어나 구, 문장을 수식하는 단어
   ex) 매우, 빠르게, very, much, etc

Exercise 1   다음 제시된 단어의 종류를 구별하세요. (하나만 작성)

01	그녀의	_____	06	쌀	_____
02	공부하다	_____	07	매우	_____
03	귀여운	_____	08	돈	_____
04	큰	_____	09	사랑	_____
05	크게	_____	10	돌다	_____

Exercise 1-1   다음 제시된 단어의 종류를 구별하세요. (하나만 작성)

01	great	_____	06	happy	_____
02	always	_____	07	happiness	_____
03	have	_____	08	book	_____
04	trip	_____	09	pencil	_____
05	travel	_____	10	his	_____

C 문장의 종류

STEP 1 **문장의 종류**

- **1형식**: 주어 + 동사
  명+은/는/이/가

- **2형식**: 주어 + 동사 + 주격 보어
  명/형

- **3형식**: 주어 + 동사 + 목적어
  명+을/를

- **4형식**: 주어 + 동사 + 간접목적어 + 직접목적어
  명+에게   명+을/를

- **5형식**: 주어 + 동사 + 목적어 + 목적격 보어

| **Tip!** |
- **주어**: 문장의 주인공
- **보어**: 보충어
  ex) 주격보어:
      주어를 보충 설명

STEP 2 **문장의 구성**: 문장을 구성하는 단어의 역할.

❶ **명사**: 주어, 목적어, 보어
❷ **동사**: 동사
❸ **형용사**: 보어, 명사 수식
❹ **부사**: 문장 구성 안 함. 명사를 제외하고 다 수식. 즉 문장에서 빠져도 구조가 흔들리지 않음.

★ 전치사 + 명사 = 부사

- **1형식**: A puppy sleeps.
    강아지/가 잔다.

- **2형식**: She is a student.
    그녀/는 학생/이다.

    Water is clear.
    물/은 맑(은)/ 다.

- **3형식**: The girl meets a boy.
    소녀/는 소년/을 만난다.

- **4형식**: Mother gives me a chocolate.
    엄마/는 나/에게 초콜렛/을 준다.

- **5형식**: I make him upset.
    나/는 그/를 화나게 만든다.

Exercise 1 다음 주어진 문장의 형식을 확인하고 해석하세요.

01 I met a boy.

02 The leaves fell.

03 The girl is small.

04 He is a pilot.

05 The cake turned green.

06 I gave her a present.

07 He calls me a genius.

08 I like dogs.

09 I bought a t-shirt.

10 I bought her a skirt.

Exercise 1-1 다음 주어진 문장의 형식을 확인하고 해석하세요.

01 People cry.

02 She cleaned rooms.

03 I took an exam.

04 They made me happy.

05 They made me a dress.

06 He teaches her English.

07 Blankets kept them warm.

08 Blankets keep warm.

09 I think him Spider Man.

10 The girl looks hungry.

▌독해 Plus ▌

• 문장 구성요소가 되지 않고 꾸며주는 역할만 하는 단어를 골라내세요.

• 전치사 + 명사 = 부사로 보세요. ex) in the house.

Exercise 1-2   다음 주어진 문장의 형식을 확인하고 해석하세요.

01   I sometimes get up late.

02   Today, I ate a delicious cake for dessert.

03   I still remember her cute face.

04   I met him in front of the school.

05   I named the child Linda.

06   A key is on the table.

07   The results of the experiment remained a secret.

08   He sent their children letters last Sunday.

09   I went to bed early.

10   The sun always rises in the east.

11   The children in the playground appear poor.

12   She falls asleep easily.

Exercise 1-3   다음 주어진 문장의 형식을 확인하고 해석하세요.

01   She died 3 years ago.

02   He told me a strange story.

03   Minsu plays with his friends on the ground.

04   He became a famous doctor.

05   Yesterday, I got really drunk.

06   I always believe him honest.

07   The apple on the table went rotten.

08   The plan sounds very fun.

09   I often send him a book with many pictures.

10   The well runs dry in summer.

Exercise 2 주어진 단어와 형식을 참고하여 영작하세요.

01   그는 만화책을 좋아한다. (3형식)

→ _____ .
(comic books, like)

02   우리는 어제 웃긴 영화를 보았다. (3형식)

→ _____ .
(funny, watch)

03   설탕은 음식을 달게 만든다. (5형식)

→ _____ .
(sweet, make, sugar)

04   그녀는 오늘 너에게 여러 번 전화했다. (3형식)

→ _____ .
(several times)

05   돈이 항상 행복을 가져다주지는 않는다. (3형식)

→ _____ .
(always, bring)

Exercise 2-1 주어진 단어와 형식을 참고하여 영작하세요.

01   나는 그가 정직하다고 생각한다. (5형식)

→ _____ .
(honest)

02   나는 그에게 정직함을 보여주었다. (4형식)

→ _____ .
(honesty)

03   그녀는 그의 아들을 변호사로 만들었다. (5형식)

→ _____ .
(lawyer)

04   그녀는 그의 아들에게 종이비행기를 만들어주었다. (4형식)

→ _____ .
(a paper airplane)

05   지구는 태양주변을 돈다. (1형식)

→ _____ .
(revolve around)

06   이 향수는 좋은 냄새가 난다. (2형식)

→ _____ .
(This perfume)

Actual Test

Actual Exercise 1 다음 주어진 문장의 형식을 확인하고 해석하세요.

01 Knowledge gives you power.

knowledge (n) 지식

02 Some water plants stay afloat.

water plant
(n) 수생 식물 (물에 사는 식물)
afloat (a) 물에 떠있는

03 The king made his empire stable.

04 Their complaints sound reasonable to me.

05 The exports in 2001 fell slightly.

06 A Dutch auction referred to a type of auction.

07 Dolphin deaths decreased by over 80 percent between 1990 and 2000.

08 The results of this experiment made all my efforts worthwhile.

09 The English consider sports in school an important part of
    education.

10 I asked her a slightly personal question out of mere curiosity.

11 Surely life prolongation will work for the rest of us some day.

life prolongation
(n) 생명 연장

12 Happiness arises from positive relationships with people.

UNIT TWO

동사의 주요기능

시제, 태, 조동사는 모두 동사와 관련이 있습니다. 또한 시제와 태는 항상 동사에 동시에 표현되고 조동사는 선택적으로 사용됩니다.

다른 문법파트에서 배우는 것과는 다르게 어떤 시제를 사용하거나 조동사를 사용하느냐에 따라 해석의 차이만 있게 되는 경우 매우 빈번합니다.

따라서 이 파트는 문법 문제로 나오는 것이 어느 정도 정해져 있고
독해에 조금 더 중요하다고 말씀드릴 수 있습니다.

즉 이 파트는 문장의 구조보다는 해석상의 디테일을 살려주는 파트라고 볼 수 있습니다.
하지만 이러한 특징이 문법 문제로 이어지면 더욱 어려워질 수 있다는 점도 놓치지 말아야 합니다.

UNIT 2 동사의 주요기능

☀ Check up

A 시제

- 동작이나 상태의 시간적인 관계를 나타내는 것. 문장에서 시간적인 관계를 나타내기 위해서 동사의 형태를 변화시키거나 동사 앞에 조동사를 붙여 시제를 표현한다.

동사의 종류	구간+배경	배경	진행	구간+진행
	미래완료	미래	미래진행	미래완료진행
be 동사	will have been	will be	will be being	will have been being
일반동사 (예 live)	will have lived	will live	will be living	will have been living
	현재완료	현재	현재진행	현재완료진행
be 동사	have /has been	am /are /is	am /are /is being	have /has been being
일반동사 (예 live)	have /has lived	live /lives	am /are /is living	have /has been living
	과거완료	과거	과거진행	과거완료진행
be 동사	had been	was /were	was /were being	had been being
일반동사 (예: live)	had lived	lived	was /were living	had been living

| Tip! |

- **진행**: 동작의 연속, 한 동작이 연속으로 일어남. 한 행위에 집중함
    ex) 철수는 공부를 하고 있는 중이다. (공부하는 행위의 연속)
- **배경**: 주어에 대한 부가적인 설명.
    ex) 철수는 잘생겼다. (배경)
    ex) 철수는 못생긴 표정을 짓고 있는 중이다. (진행)
    ex) 철수는 평소에 피자를 즐겨먹는다. (배경)
    ex) 철수는 지금 피자를 먹고 있는 중이다. (진행)
- **구간**: 어느 한 시점에서 다른 한 시점에 이르기까지 지속되는 배경
    ex) 철수는 3년 전부터 (지금까지) 피아노를 배우고 있다.
    ex) 철수와 민수는 3년 동안 (3년 전부터 지금까지) 친구 사이이다.

Check up

→ **동사의 기본시제: 현재, 과거, 미래 (배경)**

STEP 1 **현재:** 배경이므로 현재의 사실, 습관, 일반적 사실이나 진리, 격언 등에
현재시제를 사용한다.

◆ 형태
  • be동사: am, are, is
  • 일반동사: 동사원형, 주어가 3인칭 단수일 때 동사원형 + s

- I am a student.
  나는 학생이다.

- I study English every day.
  나는 매일 영어를 공부한다.

- He reads so much.
  그는 독서를 많이 한다.

- Water consists of hydrogen and oxygen.
  물은 수소와 산소로 이루어졌다.

STEP 2 **과거:** 배경이며 과거의 단순 사건을 나열할 때 사용한다.

◆ 형태
  • be동사: was, were
  • 일반동사: 동사의 과거형. 보통 동사에 ed를 붙여서 만든다. (부록의 불규칙 동사 변환표 참조)

- I was a student.
  나는 학생이었다.

- I once studied English every day.
  나는 한때 영어를 매일 공부했다.

- The war broke out in 1653.
  그 전쟁은 1653년에 발발했다.

- Columbus discovered America in 1492.
  콜럼버스는 1492년에 아메리카대륙을 발견했다.

STEP 3 **미래:** 배경이며 의지가 담긴 미래, 막연한 미래 등을 표현할 때 사용한다.

◆ 형태
  • be동사: will be
  • 일반동사: will + 동사원형

- I will pass the exam.
  나는 시험에 통과할거야.

- I will interview the actor someday.
  나는 언젠가 그 배우를 인터뷰할거야.

Exercise 1 다음 주어진 문장들 속 동사의 시제를 밝히고 해석하세요.

01   I watched TV yesterday.

02   I sometimes watch TV after work.

03   I usually watch TV 3 hours a day.

04   I will watch TV someday.

05   The elephant has a long trunk.

06   She has three nice cars.

Exercise 2 괄호 안에 주어진 단어를 알맞은 형태로 바꿔 빈칸에 넣으세요.

01   I _____ his sister yesterday. (meet)

02   The Earth _____ around the Sun. (go)

03   She_____ a great artist someday. (be)

04   They _____this machine in 1990. (invent)

05   Your sister _____ out with her friends last Sunday. (hang)

06   These days, she _____ too much about her appearance. (care)

07   My cousin _____ in a small apartment 3 years ago. (live)

08   Ice _____ at a temperature of 0 ℃. (form)

09   He _____his biological parents someday. (meet)

10   I _____to save some money for the future. (decide)

Exercise 3 다음 주어진 단어를 활용하여 영작하세요.

01   나는 내 외모에 만족한다.

→ _____ .

(be satisfied with, appearance)

02   나는 내 외모에 만족하지 않는다.

→ _____ .

03   나는 내 외모에 만족하지 않았다.

→ _____ .

04   그는 그의 가난에 대해서 항상 생각한다.

→ _____ .

(poverty)

05   그는 어제 그의 친구와 영화를 보러 갔다.

→ _____ .

(go to the movies)

06   나는 언젠간 그녀를 만날 것이다.

→ _____ .

 **Check up**

■ **미래를 표현하는 여러 가지 방법 1**

❶ **현재시제**: 주로 가까운 미래를 나타내는 부사(구)와 함께 쓰이며 오고(come), 가고(go), 출발·시작(start, begin, open), 도착·종료(arrive, return, end, finish) 등의 의미를 가진 동사들과 자주 쓰인다.

- The movie starts at 9p.m.
  그 영화는 9시에 시작할 것이다.

❷ **현재진행시제**: 가까운 미래의 확정적인 일

- My grandparents are coming soon.
  나의 조부모님들께서 곧 오실 것이다.

❸ **be going to**: 가까운 미래의 예측, 예정, 계획을 나타냄

- I'm going to go to Busan this summer.
  나는 이번 여름에 부산에 갈 것이다.

❹ **미래 조동사 will**: 단순미래, 의지미래, 즉석에서 결정된 미래

- I will be an actor.
  나는 배우가 될 것이다. (의지)

- A: We are out of milk!
  우리 우유가 떨어졌어.

  B: I will buy some.
  내가 좀 사올게. (즉석에서 결정)

- A: We are out of milk!
  우리 우유가 떨어졌어.

  B: I know. I am going to buy some.
  알아. 사오려고. (계획된 미래)

Exercise 1 다음 괄호 안에서 문법적으로 옳은 것을 고르세요.

01   He (is / is taking) a test today.

02   The movie (starts / will starting) at 8 o'clock.

03   My family (goes / is going to go) out together tomorrow.

04   She (will / is) having a party next week.

05   You (will / go) not go hiking to the mountain.

Exercise 2 다음 시제에 유의하면서 해석하세요.

01   A Mr. Kim is looking for you.

      B I know, I am going to call him.

02   A Mr. Kim is looking for you.

      B Oh really? I will call him.

03   A We are out of water!

      B Really? I'll buy some.

04   A What are you doing?

      B I'm going to school.

05   A What are you going to do this weekend?

      B I'm going to go to church.

 **Check up**

■ 미래를 표현하는 여러 가지 방법 2

❶ **be about to 동사원형**: 막 ~하려고 하다
   • I'm about to go out with my mom.
   나는 막 엄마와 외출하려고 한다.

❷ **be due to 동사원형**: ~하기로 예정되어 있다
   • She is due to hand in her essay until tomorrow.
   그녀는 내일까지 에세이를 제출하기로 예정되어있다.

❸ **be to 용법 (미래)**: ~할 예정이다 (좀 더 공식적, 미디어 등에서 사용)
   • The Seminar is to be held in March.
   세미나는 3월에 열릴 예정이다.

❹ **be supposed to 동사원형**: ~하기로 되어 있다
   • She is supposed to meet him this afternoon.
   그녀는 이번 주 오후에 그를 만나기로 되어 있다.

❺ **be likely to 동사원형**: ~하기 쉽다, ~할 것 같다
   • They are likely to adopt the child.
   그들은 그 아이를 입양할 것 같다.

Exercise 1 다음 주어진 문장을 해석하세요.

01   When the guy is about to raise his hand, you should avoid promptly.

02   He is due to deliver a speech to students tonight.

03   He is to go to the airport this afternoon.

04   She is supposed to meet me, not him.

05   They are likely to quit their job together.

06   I am about to leave for the gallery.

07   He will receive a mail within a week.

08   I am due to meet the boss in person tonight.

09   I am to find his place tomorrow.

10   The baby is about to cry in a minute.

Exercise 2 다음 주어진 단어를 활용하여 해석에 맞게 영작하세요.

01   그는 막 문을 열려고 한다.

→ _____ .

02   그녀는 오늘 설거지를 할 예정이다.

→ _____ .
      (going, do the dishes)

03   그들은 그를 그 식당에서 6시에 만나기로 되어있다.

→ _____ .

04   그녀는 그를 혼자 남겨둘 것 같다.

→ _____ .
      (leave)

05   나는 오늘 영화를 볼 예정이다.

→ _____ .
      (going)

Exercise 2-1 다음 주어진 단어를 이용하여 해석에 맞게 영작하세요.

01   그는 오늘 제주도에 갈 예정이다.

→ _____.

   (going, Jeju Island)

02   나는 그 소녀에게 막 말을 걸려고 한다.

→ _____.

03   그녀는 그 회의에 참석하기로 되어있다.

→ _____.

   (attend, the conference)

04   그는 오늘 목욕을 할 예정이다.

→ _____.

   (going, take a bath)

05   그는 그 회사를 비난할 것 같다.

→ _____.

   (blame)

Check up

> **→ 동사의 진행시제: 현재진행, 과거진행, 미래진행 (진행)**
>
> ◆ 기본형태: be (현재, 과거, 미래형) + ing
>
> **STEP 4** **현재진행:** 진행이며 현재 한 동작의 연속을 강조하고 싶을 때 사용한다.
>
> ◆ 형태 : am/are/is + ing
> · 부정문 : am/are/is not + ing
> · 의문문 : Am/Are/Is 주어 ~ing?
>
> • I am studying English now.   • They are having lunch.
> 나는 영어를 지금 공부하고 있는 중이다.   그들은 점심을 먹고 있는 중이다.
>
> • She is crying loudly.
> 그녀는 크게 울고 있는 중이다.
>
> ■ 현재진행시제와 현재시제의 비교
>
> • I study English every day.
> 나는 공부를 매일 한다. (지금 당장하고 있는 것이 아닌 사실, 배경에 집중)
>
> • I am studying English now.
> 나는 지금 영어를 공부하고 있는 중이다. (지금 당장하고 있다는 진행에 집중)
>
> • He is honest. He never tells a lie.
> 그는 정직하다. 그는 결코 거짓말을 하지 않는다. (평소에 정직하다는 배경)
>
> • He is being honest for now. But he usually lies.
> 그는 지금은 정직하고 있다. 하지만 그는 보통은 거짓말을 한다. (현재 정직에 몰입하는 진행)

Exercise 1 다음 주어진 문장에 쓰인 진행시제를 이해하며 해석하세요.

01   I was studying in the library while my brother was sleeping.

02   The boy is swimming with his friends now.

03   At this time tomorrow, I will be cleaning the house.

04   He was watching TV when I called him.

05   A: Look! The birds are happily singing.

06   I was walking down the street when it began to snow.

07   While I was studying, my roommate was having a party.

08   I was waiting for the bus when I came across my teacher.

09   You can visit me around 3 p.m. tomorrow. I will be waiting for you.

10   Don't call me between 6 and 7. I will be having an important meeting then.

▍현재진행과 현재의 비교

Exercise 1 다음 문맥에 맞는 표현을 고르세요.

01   His plan (looks /is looking) perfect for me.

02   They (eat /are eating) hamburgers now.

03   She (runs /is running) toward the school not to be late.

04   The pot (boils / is boiling) now.

05   Water (boils / is boiling) at 100 ℃.

06   She (takes /is taking) a shower sometimes.

07   She (takes /is taking) a shower now.

Exercise 1-1 다음 문맥에 맞는 표현을 고르세요.

01   She (puts /is putting) on a helmet now.

02   The love between neighbors (doesn't exist /isn't existing) anymore.

03   Charity (begins /is beginning) at home.

04   She always (takes /is taking) a walk in the morning.

05   I (don't read /am not reading) the comic book now.

06   She (resembles /is resembling) her father.

07   This soup (smells /is smelling) fantastic.

Exercise 2   다음 주어진 단어를 활용하여 영작하세요.

01   그는 맨 앞줄에 서 있다.

→ _____.
(in the front row)

02   그는 어제 그 소설을 읽었다.

→ _____.
(the novel)

03   나는 나의 잘못을 부인했다.

→ _____.
(deny, fault)

04   그 피자는 맛있는 냄새가 났다.

→ _____.
(delicious)

05   그 피자는 맛있는 냄새가 난다.

→ _____.

06   그녀는 그녀의 지갑을 찾고 있다.

→ _____.
(look for, wallet)

07   나는 매일 7시에 일어난다.

→ _____.

08   그는 커피를 좋아하지 않는다.

→ _____.

 Check up

STEP 5 **과거진행:** 진행이며 과거의 한 시점에 있었던 동작의 연속을 강조할 때 사용한다.

◆ 형태 : was/were + ing
 · 부정문 : was/were not + ing
 · 의문문 : Was/Were 주어 ~ing?

• When she called him, he was playing the piano.
 그녀가 그에게 전화했을 때, 그는 피아노를 치고 있는 중이었다.
• While he was playing the piano, she called him.
 그가 피아노를 치고 있는 동안, 그녀는 그에게 전화를 했다.
• While she was cooking, her son was sleeping.
 그녀가 요리를 하고 있는 동안, 그녀의 아들은 자고 있는 중이었다.

STEP 6 **미래진행:** 진행이며 미래의 한 시점에 있을 동작의 연속을 강조할 때 사용한다.

◆ 형태 : will be + ing
 · 부정문 : will not be + ing
 · 의문문 : Will 주어 be ~ing?

• When we arrive at the town, it will be raining.
 우리가 마을에 도착할 때쯤, 비가 오고 있을 것이다.
• Around 3 p.m. tomorrow, I will be shopping at the department store.
 내일 세시 쯤에, 나는 백화점에서 쇼핑하고 있을 것이다.

* 시간과 조건의 부사절

 시간과 조건의 부사절(when, while 등 (시간), if, unless 등 (조건)이 들어간 절)에서는
 현재시제로 미래를 대신한다.

• When we ~~will~~ arrive at the town, it will be raining.
 우리가 마을에 도착할 때쯤, 비가 오고 있을 것이다.
• If I ~~will~~ meet him, I will tell him you say hello.
 그를 만나면, 그에게 너의 안부를 전할게.

▌**진행 시제 종합문제**

Exercise 1 다음 시제에 유의하면서 해석하세요.

01   I'm cooking for dinner now.

02   I was cooking for dinner when my son came in.

03   I will be cooking for dinner when my husband returns from a business trip.

04   He is being a liar for now because he is being threatened.

05   He is a liar because he never tells the truth.

Exercise 2 다음 주어진 단어를 알맞은 형태로 바꿔서 써넣으세요.

01   I _____ English now. (study)

02   I _____ English every day. (study)

03   When my brother came in my room, I _____ English. (study)

04   I _____ English in the past, but I don't anymore. (study)

05   When my grandmother visits me tomorrow, I_____ English in my room. (study)

06   I_____ for his present when my son is at school tomorrow. (shop)

07   While we were having a party, she _____ in her room. (sleep)

08   When I saw the girl, she _____ her classmate. (text)

Exercise 2-1 다음 주어진 단어를 알맞은 형태로 바꿔서 써넣으세요.

01   While his mother was cooking, he _____ a computer game. (play)

02   Around 10p.m tomorrow, I _____ English class. (take)

03   When he called me, I _____ . (sleep)

04   The baby _____ in bed now. (sleep)

05   She _____ a birthday song for me the day before yesterday. (sing)

06   When he calls me tomorrow, I _____ TV. (watch)

07   What were you doing when she _____ you? (call)

08   By the time he gets to the top of the mountain, the sun _____ .(set)

Exercise 3 다음 주어진 단어를 활용하여 영작하세요.

01   그가 나에게 전화를 걸었을 때, 나는 책을 읽고 있었다.

→ _____ .

(call, read a book)

02   그녀는 꽃에 물을 주고 있는 중이다.

→ _____ .

(water, flowers)

03   나의 아들이 내일 야구하고 있는 동안, 나는 그의 선물을 위해 쇼핑을 하고 있을 것이다.

→ _____ .

(present, shop)

04   우리가 파티를 하고 있었을 때, 그녀는 그녀의 방에서 자고 있었다.

→ _____ .

(have a party)

05   학생들은 지금 축구를 하고 있다.

→ _____ .

Exercise 3-1 다음 주어진 단어를 활용하여 영작하세요.

01   나는 나의 잘못을 인정하지 않는다.

→ _____ .

(admit, fault)

02   그녀가 집에 왔을 때, 그녀의 엄마는 그녀의 남동생과 이야기하고 있는 중이었다.

→ _____ .

03   그녀가 매우 어렸을 때, 그녀의 남편과 사랑에 빠졌다.

→ _____ .

(fall in love)

04   그는 학교 규칙을 지키지 않는다.

→ _____ .

05   그녀는 그녀의 아들을 깨우고 있다.

→ _____ .

☀ Check up

> **➡ 동사의 완료시제: 현재완료, 과거완료, 미래완료**
>
> ◆ 기본형태 : have (현재, 과거, 미래형) + p.p.
>
> **STEP 7** **현재완료:** 과거부터 현재까지 지속되는 **구간**이며 배경이다. 기본 현재시제에 과거 어느 시점부터 시작되는 **구간**이 추가되었다고 보면 된다.
>
> ◆ 형태 : have/has + p.p.
> · 부정문 : have/has not + p.p.
> · 의문문 : Have/Has 주어 p.p.~?
>
> • He has lived in Seoul since 2011.
>   2011년 이래로, 그는 서울에 살아오고 있다.
> • I have studied every day for 3 years.
>   3년 동안 나는 매일 공부해오고 있다.
> • She has been pretty since she had plastic surgery.
>   성형수술을 받은 이래로 그녀는 예뻐왔다.

Exercise 1 다음 문장들을 시제에 유의하면서 해석하세요.

01   She knows the truth.

02   She has known the truth for a long time.

03   They met him yesterday.

04   They meet him at least once a week.

05   They have met him since 2000.

06   They have met him for 5 years.

07   Her daughter has obeyed her mother so far.

Exercise 2 다음 주어진 빈칸을 현재완료형을 써서 채우고 해석하세요.

01   The problem_____in my thoughts all day. (be)

02   I _____ for LM since 2012. (work)

03   She_____the piano three times a week for 10 years. (play)

04   I _____in love only twice in my life. (fall)

05   I'm hungry. I _____anything since breakfast. (not, eat)

06   I _____the application. (already, send)

07   It _____since the day before yesterday. (rain)

08   Since the accident, I_____ judo. (learn)

09   She_____anything since last night. (eat, not)

10   He_____ letters for five years. (write)

☀ Check up

■ 현재완료의 추가 용법들

❶ **계속**: 과거부터 지금까지 계속된다. (for, since 등과 함께)
- He has lived in Seoul since 2011.
  2011년 이래로, 그는 서울에 살아오고 있다.

❷ **경험**: 살면서 ~해본 적이 있다. (ever, never, before, once, twice 등과 함께)
- I have never been to Jeju Island.
  나는 제주도에 가본 적이 없다.
- I have been to New York on business three times.
  나는 뉴욕에 사업차 세 번 가봤다.

❸ **완료**: (이미, 방금, 막) ~해 버렸다. (already, yet, just 등과 함께)
- I have already quit my job.
  나는 이미 내 직장을 그만뒀다.
- They have just arrived at the airport.
  그들은 막 공항에 도착했다.

❹ **결과**: 과거에 종료됐지만 지금까지 영향을 미칠 때
- He has hurt his leg, so he can't walk.
  그는 다리를 다쳐서 (지금까지) 걷지 못한다.

★ **참고**
have(has) been: 가본 적이 있다.
have(has) gone: 가버렸다.

Exercise 1 다음 문장들을 시제에 유의하면서 해석하세요.

01   I have cooked for my parents twice.

02   Aerim has lost her only shoes, so she walks barefoot.

03   After he died, he has just arrived at hell.

04   I have given all to him so far because I love him so much.

05   We have just visited a poor family.

06   I have always wanted to be an actor.

07   My parents have never traveled outside of Korea.

08   Tom has already finished his homework.

09   They haven't finished their homework yet.

10   I have just arrived home.

Exercise 2   다음 주어진 빈칸을 현재완료형을 써서 채우고 어떤 용법인지 확인하세요.

01   I_____ lunch. (just, have)

02   He_____his way, so he can't arrive on time. (lose)

03   I _____horror movies since I was a child. (like)

04   _____ it_____raining yet? (stop)

05   _____you_____caviar? (ever, eat)

06   I _____the letter. (already, send)

07   I _____a shooting star. (never, see)

08   I_____stamps for 3 years. (collect)

09   She_____Tom by chance. (meet)

10   John_____America three times so far. (visit)

▌ 현재완료와 과거의 비교

Exercise 1 다음 주어진 빈칸을 현재완료와 과거 중에서 적절한 시제로 채우세요.

01   Jim _____ to France three times. (be)

02   Jim _____ to France, so he is not here. (go)

03   It_____ two days ago, but it is still snowing. (snow)

04   He _____ too much, so he still can't recognize his parents. (drink)

05   It _____ for two days. (snow)

06   Jessica _____ to Tokyo in 1992, 1993 and 2001. (go)

07   Jessica_____ to Tokyo a few times. (be)

08   Juno_____ in this town in 2013, and he still lives here now. (live)

09   Juno_____in this town since 2013. (live)

10   He_____the Christmas party since he was sick. (not attend)

Exercise 2 주어진 문장에서 밑줄 친 부분을 문법에 맞게 고치세요.

01   We <u>played</u> soccer together for 3 years.

02   He <u>has been</u> honest when he was young.

03   I <u>went</u> to Mexico twice.

04   I <u>never see</u> such a giant baby before.

05   We <u>discuss</u> this issue since the clients complained.

06   Amy <u>tastes</u> Bordeaux wine before.

07   They <u>haven't finished</u> the work yesterday.

08   Brian <u>has already took</u> away all of my cards.

09   Have you ever <u>ate</u> at the Chinese restaurant before?

10   Have you <u>clean</u> your room yet?

STEP 8 **과거완료:** 대과거부터 과거까지 지속되는 **구간**이며 **배경**이다.

기본 과거시제에 대과거 어느 시점부터 시작되는 **구간**이 추가되었다고 보면 된다.

◆ 형태 : had + p.p.

· 부정문 : had not + p.p.

· 의문문 : Had 주어 p.p.~?

❶ **대과거:** 과거 이전 시제를 대과거라 한다.

구간이 아니고 단순 배경이지만 과거완료시제와 동일한 형태로 쓴다.

- I heard about you because you had been very popular in the school.

  나는 너에 대해 들었다 왜냐하면 네가 학교에서 매우 인기 있었기 때문에.

- Yesterday, I received the present you had sent.

  어제, 나는 네가 보냈었던 선물을 받았다.

- When she came home, she found that she had spent all the money.

  그녀가 집에 왔을 때, 그녀는 모든 돈을 다 써버렸었다는 것을 알았다.

❷ **과거완료:** 대과거부터 과거까지의 구간

- He finally met her. They hadn't seen each other for ten years.

  그는 마침내 그녀를 만났다. 그들은 (대과거부터 만나기 전까지) 십 년 동안 서로를 봐오지 못했었다.

- I didn't know that she had been there before.

  나는 그녀가 거기에 있어 왔었는지 몰랐다.

- Three years had already passed, but she still heard nothing from her husband.

  삼 년이 이미 지났었지만, 그녀는 여전히 그녀의 남편으로부터 소식을 듣지 못했다.

■ 현재완료와 과거완료의 비교

Exercise 1 다음 문맥에 맞는 표현을 고르세요.

01   He heard how much time she (had / has) spent with the sick baby.

02   They (have / had) raised the cat for 5 years.

03   She (has / had) learned to swim since she came near being drowned.

04   I explained to her how they (have / had) decided to send a doctor for her.

05   They (have / had) kept the rules for 10 years.

06   She felt a little uneasy about the way she (has / had) reacted.

07   Kim looked peaceful because the pain (had / has) gone from her face.

08   She (had / has) made decisions by herself since her parents died.

09   They were not sure if Judy (has / had) played a part in the musical.

10   The ring that she (had / has) found cost 1000 dollar.

Exercise 2 다음 괄호 안의 단어를 시제에 맞게 고친 뒤 빈칸을 채우세요.

01   I_____my lunch when she left. (just, finish)

02   She_____in Monaco for 4 years at that time. (live)

03   She_____with the cat for 10 years. (be)

04   He confessed what he_____in a drunken state. (do)

05   She_____honest since she was harshly scolded by her mom. (be)

06   She_____directions well so far. (take)

07   When I rushed to the airport, the last plane_____. (already, leave)

08   I was upset because he_____me once again. (deceive)

09   I came to realize that I _____my homework. (not, do)

10   She_____home every Sunday since the accident. (stay)

 **Check up**

> **STEP 9** **미래완료:** 미래까지 지속되는 **구간**이며 배경이다. 기본 미래시제에
> 현재 어느 시점부터 시작되는 **구간**이 추가되었다고 보면 된다.
>
> ◆ 형태 : will have p.p.
> · 부정문 : will not have p.p.
> · 의문문 : Will 주어 have p.p.~?
>
> • I will have been to Paris twice if I visit it this winter.
> 나는 파리에 두 번 간 것이 될 것이다 / 만약 내가 이번 겨울에 방문한다면.
> • They will have lived together for ten years next month.
> 그들은 다음 달이면 십 년째 함께 살아온 것이 될 것이다.
> • Sujin will have cleaned her room by the time you get back home.
> 수진은 그녀의 방을 치웠을 것이다 / 네가 돌아올 때쯤.
> • She will have come back before you leave home.
> 그녀는 집에 돌아올 것이다 / 네가 집을 떠나기 전에.

Exercise 1 다음 주어진 문장을 분석하고 해석하세요.

01   The man will have already left by the time I arrive there.

02   The birds will have migrated north by the afternoon.

03   I will have lived here for five years this Saturday.

04   By the time I finish writing a novel, I will have written over 300 pages.

05   I will have finished my assignment before 10 p.m.

06   He will have gone to Africa next month.

07   If I visit Korea next week, I will have been there three times.

08   Mr. Kim will have worked here for 20 years next week.

▌완료 시제 종합

Exercise 1 다음 주어진 단어를 활용하고 완료시제를 사용하여 빈칸을 채우세요.

01   She studied English harder though she _____ an A. (get, never)

02   By the time his mom leaves the hospital, she _____ a baby.
      (just, give birth to)

03   I bought an airplane ticket for Germany. I _____ for 3 months to
      buy it. (work)

04   Since I noticed him weird, I _____ meeting him. (avoid)

05   Tom quit his job. He _____ for 10 years. (work)

06   In 20 years, they _____ the museum. (build)

07   I _____ breakfast. (already, finish)

08   Since they _____, I didn't have to call them. (already, arrive)

09   _____ she not _____ back yet? (come)

Check up

➡ **동사의 완료진행시제: 현재완료진행, 과거완료진행, 미래완료진행**

◆ 기본형태: have(현재, 과거, 미래형) been + ing

STEP 10 **현재완료진행:** 과거부터 현재까지 지속되는 **구간**이며 **진행**이다.
현재진행시제에 과거 어느 시점부터 시작되는 **구간**이 추가되었다고 보면 된다.

◆ 형태 : have/has been + ing

• He has been studying English for an hour.
그는 한 시간 전부터 지금 계속 영어를 공부하고 있는 중이다.

• I have been working for SamJung for ten years. (일해 온 것을 강조)
나는 십 년 전부터 지금 계속 삼정에서 일해오고 있다.

STEP 11 **과거완료진행:** 대과거부터 과거까지 지속되는 **구간**이며 **진행**이다.
과거진행시제에 대과거 어느 시점부터 시작되는 **구간**이 추가되었다고 보면 된다.

◆ 형태 : had been + ing

• I had been studying English for an hour before I took the exam.
내가 시험을 보기 전 한 시간 동안 영어를 공부했었다.

• The police had been looking for the criminal for three years before they caught him.
경찰관들은 그 범죄자를 잡기 전 삼 년 동안 그를 찾았었다.

STEP 12 **미래완료진행:** 현재부터 미래까지 지속되는 **구간**이며 **진행**이다.
미래진행시제에 현재 어느 시점부터 시작되는 **구간**이 추가되었다고 보면 된다.

◆ 형태 : will have been + ing

• I will have been studying English for an hour by 8 p.m.
나는 8시까지 한 시간 동안 영어를 공부할 것이다.

• It will have been raining for a week if it rains until tomorrow.
내일까지 비가 온다면 그걸로 일주일째 비가 오고 있을 것일 것이다.

Exercise 1 다음 괄호 안의 단어를 활용하여 적절한 완료진행시제 문장을 만드세요.

01   Tom is busy today. He _____ his room all day. (clean)

02   She _____ for your call for three hours. (wait)

03   My back _____ me, so I went to the hospital. (bother)

04   It _____ until last night. (rain)

05   Jane _____ for NASA for 15 years next month. (work)

06   It _____ since last night. (rain)

07   I _____ for TSL for 4 years. (work)

Exercise 1-1 다음 괄호 안의 단어를 활용하여 적절한 완료진행시제 문장을 만드세요.

01   He _____ until you call. (sleep)

02   I _____ in the street for an hour when it started raining. (walk)

03   They _____ each other when I got there. (fight)

04   Jane _____ the computer game since this morning. (play)

05   It _____ continuously for a week tomorrow. (rain)

06   I _____ this problem by myself so far. (solve)

07   Minsu _____ TV since three days ago. (watch)

08   The teacher _____ for 10 years tomorrow. (teach)

 Actual Test

❖ 시제 실전 독해연습

Actual Exercise 1 다음 괄호 안에서 문법적으로 맞는 것을 고르고 해석하세요.

01 Over the last years, the British government (has / had) consistently spent more money on advertising.

consistently
(ad) 끊임없이
advertising (n) 광고

02 I (moved / had moved) in and out from one apartment to another until I got this one.

03 Since it manufactured its first car in 1955, Korea (grows / grew / has grown) to be the sixth largest automobile producer in the world.

04 The horse was the same light gray mare that she (saw / had seen) in her dreams.

05 In the summer of 2001, he (visited /has visited) Asan, Korea, to participate in a house-building project.

06 Since I arrived in the United States to study, I (noticed / have noticed) that academic success is not important to all Americans.

07 Ms. Sebring (has learned / learned) that the animal was due to be auctioned at the Marana Stockyards soon.

08   In 1996, the amount of venture capital (fell / has fallen) 53% from the previous year, to $202 million.

previous
(a) 이전의, 지난

09   Several years ago, Ken (had / has had) a car accident. Ever since, he (was / has been) in a wheelchair.

10   All the exhaustion he (had /has) been feeling during the race disappeared.

11   For the past 25 years, you (are / were / have been) a valued and respected employee of this company.

12   It was reported that human and material losses from disasters (had / has) increased during the 20th century.

loss (n) 상실, 손해

13   He (has worked / works) with Doctors Without Borders for more than a dozen years.

Doctors Without Borders
국경없는 의사회

14   Hannah (has looked /looked) at all the familiar faces that had been part of her life for the last few years.

15   I (had / was) due to present my new idea to the company at 10 a.m.

16   Kelly was seated in the fifth row, hallway side, even though she (has / had) wanted a window seat.

hallway side 복도 쪽

 Check up

B 조동사

■ 조동사는 일반동사 앞에 놓여 동사의 의미에 능력, 의무, 추측, 가능, 습관 등의 뜻을 더해준다. 단독으로 동사의 역할은 할 수 없다.

■ 조동사의 특징

- 조동사 뒤에는 반드시 동사원형이 온다. (ex: will do (o), will does (x))
- 조동사가 있는 문장에서 의문문이나 부정문을 만들 때는 조동사 do를 사용하지 않고 자체 조동사를 활용한다. (ex: will not (o), will do not (x))
- 조동사의 과거형이 항상 과거를 의미하는 것은 아니고 현재나 미래의 추측, 가능, 의향을 표현 (희박한 가능성, 정중, 신중함의 표현)

■ 조동사의 종류

현재형	기본의미	과거형
can	할 수 있다	could
may	일지도 모른다	might
will	할 것이다	would
shall	~할까요	should
must	해야만 한다, 임에 틀림없다	
dare	감히~하다	dared
need	필요하다	

Check up

STEP 1 **추측의 조동사:** 가능성의 정도에 따라 쓰이는 조동사가 다르며, 동사의 기본 기능인 부정이나 시제를 표현할 수 있다. 특히 **may의 과거형 might는 과거를 의미하는 것이 아니고 더 약한 추측을 나타낸다. 따라서 과거를 표현하는 방법이 다르다.** 또한 다른 역할과 중복되는 조동사도 있으므로 사용에 주의한다.

현재, 긍정	현재, 부정
• He is happy. (100%) 그는 행복하다.	• He is not happy. 그는 행복하지 않다.
• He must be happy. (약 80-90%) 그는 행복함에 틀림 없다.	• He can't be happy. 그는 행복할 리 없다.
• He may be happy. (약 60%) 그는 행복할지도 모른다.	• He may not be happy. 그는 행복하지 않을 수도 있다.
• He might be happy. (약 40%) 그는 행복할지도 모른다.	• He might not be happy. 그는 행복하지 않을 수도 있다.

과거, 긍정	과거, 부정
• He was happy. 그는 행복했다.	• He was not happy. 그는·행복하지 않았다.
• He must have been happy. 그는 행복했었음에 틀림없다.	• He can't have been happy. 그는 행복했을 리가 없다.
• He may have been happy. 그는 행복했을지도 모른다.	• He may not have been happy. 그는 행복하지 않았을지도 모른다.
• He might have been happy. 그는 행복했을지도 모른다.	• He might not have been happy. 그는 행복하지 않았을지도 모른다.

cf. 위에 적힌 %는 이해를 돕기 위한 수단일 뿐 정확한 기준은 아닙니다!

▌ 추측의 조동사 부정과 긍정의 의미 파악하기

Exercise 1 다음 괄호 안에서 적절한 단어를 고르세요.

01   If she is still sleeping, she (may / need) be late.

02   He has a lot of money. He (might / must) be generous.

03   She makes friends easily. She (can /must) be an outgoing person.

04   Mary (can't / must not) possibly want to find a part-time job because she won the lottery yesterday.

05   I think that she is weak. Working overtime frequently (may / can't) make her exhausted.

06   They (must / can't) depend on themselves a lot because they are twin brothers.

07   He lies about everything. He (can't / must) be honest.

08   I heard that she is quite poor. She (may not / must not) be able to pay her tuition.

09   She quit our club just because he joined. She (can't / must) hate him a lot.

10   He could hardly sleep last night. He (might / must) be sleepy by now.

▌ 추측의 조동사 과거와 현재의 의미 파악하기

Exercise 1 다음 괄호 안에서 적절한 단어를 고르세요.

01   She (must be / must have been) sad when she heard the news.

02   He got good grades in the final exam. He (must study / must have studied) hard.

03   A person (may inherit / may have inherited) a gene for being tall.

04   The person (may inherit / may have inherited) a gene for being tall.

05   She (may lose / may have lost) her job. She is looking for a job.

06   He looks exhausted. He (must work / must have worked) overtime again yesterday.

07   I can't find my old chair. My father (may / can't) have already sold it when I was at school.

08   I hardly see the manager talk to people. He (may not be /may not have been) talkative.

Exercise 2   다음 주어진 단어를 활용하여 영작하세요.

01   그는 화났었음에 틀림없다. (지금은 풀렸지만)

→ _____. (angry)

02   그는 지금 화났음에 틀림없다.

→ _____.

03   그녀가 거짓말을 했었을 리 없다.

→ _____. (lie)

04   그녀가 거짓말을 할 리 없다.

→ _____.

05   그 소식을 들었을 때 그는 울었을 지도 모르겠다. (가능성 60%)

→ _____. (the news)

Exercise 2-1   다음 주어진 단어를 활용하여 영작하세요.

01   그녀는 그를 좋아할 지도 모르겠다. (가능성 60%)

→ _____.

02   그녀가 그를 좋아할 리 없다.

→ _____.

03   아이들은 복통을 호소했다. 저녁식사 때문에 그랬던 게 틀림없다.

→ The children were complaining about stomachache. It _____
from dinner. (be)

04   내가 그녀한테 말 걸었을 때 그녀는 화났었을 리 없다.

→ _____. (talk to)

05   그녀가 그 책을 버렸을 리가 없다. 왜냐하면 그녀는 그 책을 매우 좋아했으니까.

→ _____.
(throw away that book)

 **Check up**

STEP 2 **의무의 조동사:** 기본적으로 '해야만 한다'는 의무의 의미를 나타내며, 동사의 기본 기능인 부정이나 시제를 표현할 수 있다.

현재, 긍정	현재, 부정
• must> have to = ought to>should (~해야만 한다) *여기서 '>' 는 의무의 강도를 나타냄	• must not, ought not to, should not (해서는 안 된다) • don't have to (할 필요가 없다) = don't need to

과거, 긍정	과거, 부정
• had to (했어야 했다) • should have p.p. (했어야 했는데 안 했다)	• didn't have to (할 필요가 없었다) • shouldn't have p.p. (하지 말았어야 했는데 했다)

- In the army, soldiers must always obey a command.
  군대에서 군인들은 명령에 항상 명령에 복종해야 한다.

- Because the store was open, we didn't have to go to another store.
  그 가게가 열었기 때문에, 우리는 다른 가게에 갈 필요가 없었다.

- You must not forget the document. It's very important.
  너는 그 문서를 잊어서는 안 된다. 그것은 매우 중요하다.

- You should have studied more for the test.
  너는 시험을 위해 더 공부를 했어야 했는데.

- There was nobody to help me. I had to do everything by myself.
  나를 도와줄 사람이 아무도 없었다. 나는 혼자서 모든 것을 해야 했다.

- Don't make so much noise. We must not wake your grandparents.
  너무 시끄럽게 하지 마. 우리는 너의 조부모님들을 깨워서는 안 돼.

- If she arrives on time, she will not have to wait.
  만약 그녀가 정시에 온다면, 그녀는 기다릴 필요가 없을 것이다.

- We should not have left early. My mom was so disappointed.
  우리는 일찍 떠나지 말았어야 했는데. 엄마께서 매우 실망하셨어.

Exercise 1 다음 주어진 단어를 활용하여 영작하세요.

01   너는 행복한 척할 필요가 없다.

→ _____ .
   (pretend)

02   나는 행복한 척할 필요가 없었다.

→ _____ .

03   너는 음악을 들어서는 안 된다 수업 중에.

→ _____ .
   (in class)

04   나는 제 시간에 이메일을 보냈어야 했는데 (못했다).

→ _____ .
   (on time)

05   나는 내일까지 숙제를 해야 한다.

→ _____ .

06   나는 숙제를 했어야 했었는데 (안했다).

→ _____ .

07   너는 숙제를 할 필요가 없었다.

→ _____ .

Exercise 2 다음 주어진 단어를 활용하여 영작하세요.

01 너는 컴퓨터 게임을 해서는 안 된다.

→ _____ .

02 너는 그 사진들을 우리에게 보여줄 필요가 없다.

→ _____ .

(show, the pictures)

03 너는 그 사람을 도와야만 한다.

→ _____ .

04 나는 그에게 전화했어야 했는데 안 했다.

→ _____ .

05 그녀는 늦지 말았어야 했는데 늦었다.

→ _____ .

06 그는 부자인 척 할 필요가 없었다.

→ _____ .

07 나는 그의 부탁을 들어줘야 했다.

→ _____ .

(do, a favor)

 Check up

STEP 3 had better과 would rather

❶ **had better 동사원형**: ~하는 게 더 낫다. (경고성 충고)
- You had better carry a handgun in this district.
  너는 이 구역에서는 권총을 소지하는 것이 더 낫다.
- You had better stay home tonight.
  너는 오늘밤 집에서 머무르는 것이 더 낫다.

❷ **would rather 동사원형 (than)**: 차라리 ~하겠다
- I would rather keep money in my pocket.
  나는 차라리 주머니에다 돈을 가지고 있겠다.
- I would rather study than do nothing.
  나는 아무것도 안 하느니 차라리 공부하겠다.

❸ **may / might as well 동사원형 (as)**: (다른 더 좋은 방법이 없으니) ~을 하겠다.
- I may(might) as well study in the library because it is noisy at home.
  나는 집이 시끄럽기 때문에 도서관에서 공부하겠다.
- I may(might) as well help her to do the dishes.
  나는 그녀가 설거지하는 것을 돕겠다.
- There is nobody at school today. You may(might) as well go home.
  오늘 학교에 아무도 없다. 너는 집에 가는 것이 낫겠다.

★ 과거형을 원할 땐 뒤에 have p.p를 붙여서 사용.
★ may(might) well 동사원형: ~하는 것은 당연하다

Exercise 1 다음 주어진 단어를 활용하여 영작하세요.

01 너는 숙제를 하는 것이 낫겠다.
→ _____ .

02 나는 버스를 타느니 차라리 걷는 것이 낫다.
→ _____ .

03 나는 치마를 입느니 반바지를 입겠다.
→ _____ .
(a skirt, shorts)

04 너는 담배를 끊는 것이 낫겠다.
→ _____ .

05 나는 차라리 집에서 자겠다.
→ _____ .

 **Check up**

STEP 4 **used 시리즈**

❶ **used to 동사원형**: ~하곤 했다 (과거의 규칙적 습관, 불규칙은 would사용)

- I used to go swimming every Saturday.
  나는 토요일마다 수영하러 가곤 했다.

- He used to have a motorcycle, but he sold it yesterday.
  그는 오토바이를 가졌었다 하지만 그것을 어제 팔았다.

❷ **be used to 동사원형**: ~하기 위해 사용되다

- The machine is used to help people.
  그 기계는 사람들을 돕기 위해 사용된다.

- A blender is used to turn fruit or vegetables into liquid.
  블렌더는 과일이나 야채를 액체로 바꾸기 위해 사용된다.

❸ **be used to 명사 /동명사(ing)**: ~에 익숙하다 (=be accustomed to 명사 /동명사)

- I'm used to meeting new people.
  나는 새로운 사람들을 만나는데 익숙하다.

- The American is used to Korean culture.
  그 미국인은 한국 문화에 익숙하다.

Exercise 1 다음 괄호 안에서 문법에 맞는 표현을 고르세요. (둘 다 가능할 수도 있음.)

01   The American is used to (eat / eating) kimchi.

02   The machine (is used to / used to) fix computers.

03   She (is used to / used to) do yoga when she was young.

04   There (is used to / used to) be a big tree near my house.

05   I am used to (meet / meeting) new people.

Exercise 2 다음 주어진 단어를 활용하여 영작하세요.

01   나는 자동차를 운전하곤 했다. (지금은 안 함)

→ _____.
     (drive)

02   알람시계는 사람들을 깨우기 위해 사용된다.

→ _____.
     (An alarm clock)

03   그녀는 일찍 일어나는 것에 익숙하다.

→ _____.
     (early)

04   나는 나의 사촌들과 어울려 놀곤 했었다. (지금은 놀지 않음)

→ _____.
     (cousins, hang out)

05   그는 밤새는 것에 익숙하다.

→ _____.
     (stay up all night)

시험과 독해를 위한 BEST문법 1

◆ Should의 특별 용법

A 이성적 판단의 형용사 또는 주장, 명령, 제안 동사 뒤에

that + 주어 + (should) + 동사원형이 오며 should는 생략 가능

특별용법이라고는 했지만 사실 특별할 것도 없습니다.
주장이나, 제안, 충고 같은 단어는 앞서 배운 의무의 조동사 should와 써야겠지요?
'~해야 한다고 주장했다, 제안했다, 충고했다'로 연결이 되니깐요.
그러다보니 should의 사용이 당연해지니 언어의 경제성의 원리에 의해 생략되곤 하는 것이랍니다.
먼저 예문을 보여드리고, 이해가 선행되어야할 주장, 명령, 제안 단어들을 표로 정리해드리겠습니다.

• He insisted that she (should) quit her job for a better salary.

그는 그녀가 더 나은 봉급을 위해 직장을 그만둬야 한다고 주장했다.

• It is imperative that children (should) live with their parents.

아이들이 부모님들과 함께 살아야 하는 것은 필수적이다.

• It was her suggestion that we all (should) deny having committed the crime.

우리 모두가 그 범죄를 저질렀다는 것을 부인해야 한다는 것은 그녀의 제안이었다.

■ 이성적 판단 /주장, 명령, 제안을 나타내는 단어

동사	주장하다 요구하다 충고하다 제안하다	insist, urge 등 demand, request, require, ask 등 advise, recommend 등 suggest, propose, move 등
형용사	필수적인 긴급한 바람직한 적절한	necessary, essential, vital, imperative 등 urgent 등 advisable, desirable 등 important, natural, proper 등
명사		suggestion(제안), requirement(필요조건), recommendation(추천), order(명령), request(요청), instruction(지시) 등

■ 표에 있는 단어지만 (should)가 사용되지 않는 경우

같은 단어여도 한 뜻만 가지고 있는 것은 아니죠?

따라서 문장에서 주장, 명령, 제안의 의미로 쓰이지 않았다면 should와 쓸 이유가 없을 것입니다.

insist가 '사실을 주장'할 때나 suggest가 '암시하다'의 뜻일 때 이에 해당됩니다.

- He **insisted** that he **handed** in his report. (사실을 주장, 과거에 그랬다는 얘기)

  그는 과제를 냈다고 우겼다.

- The **report** suggests that women **like** chocolate more than men. (암시하다의 의미)

  그 보고서는 여자들이 남자들보다 더 초콜릿을 더 좋아한다는 것은 암시한다.

- Her action **suggests** that she **hates** me. (암시하다의 의미)

  그녀의 행동은 그가 나를 싫어한다는 것을 암시한다.

B 놀라움 유감을 나타내는 형용사와 함께

마찬가지의 이유입니다. 이 형용사들은 조동사 should와 아주 잘 어울리죠!

'It is 형용사 that + 주어 + should + 동사원형'의 구문을 이룹니다.

(이때의 should는 생략하지 않는다)

■ 놀라움 유감을 나타내는 형용사

▶ strange, wonderful, curious, surprising, regrettable 등

- It is **strange** that he **should decide** to quit smoking.

  그가 담배를 끊기로 결정했다는 것은 이상하다.

- It is **regrettable** that he **should continue** to work with such a meager salary.

  그가 그런 별 볼일 없는 보수로 일을 계속한다는 것은 유감이다

Actual Test

❖ 조동사 실전 독해연습

Actual Exercise 1 다음 주어진 문장을 분석하고 해석하세요.

01 Not many people know that the tree used to be found only in Korea.

02 Without her, he might have dropped out of school.

03 You've probably experienced loss although you may not have understood it.

04 Thousands of dolphins used to be killed in tuna fishing nets.

05 He suggested to Julia that they should hear from the students about their preferences.

preference
(n) 선호(하는 것)

06 You don't have to be licensed in this state to carry a handgun.

license (v) 면허를 따다

07 I know doing the job must have been a big effort for you.

08 Most working people are used to setting and pursuing performance goals.

09 They think that many ideas and decisions may well improve as time goes by.

as time goes by
시간이 지나면서

10 Although a child felt fear in a cave, a powerful torch could have shown him the limits of the cave.

torch (n) 횃불

11 These nymphs should have taken a further two years to emerge as adults, but in fact they took just one year.

nymph (n) 애벌레

12 You have to venture beyond the boundaries of your current experience and explore new territory.

venture (v) 모험해 가다
territory (n) 영역

Actual Exercise 2 다음 주어진 문장을 분석하고 해석하세요.

01 Even though you may have built your personality through imitation, you are not a fraud.

fraud (n) 사기꾼

02 Obviously, pottery must have been widely used in the past.

pottery (n) 도자기

03 My brother may have been elsewhere, so he didn't experience the fear.

04 Bernard must have vacuumed the same way he mowed the front yard.

vacuum
(v) 진공청소기로 청소하다

mow (v) 베다

05 You might well be attracted to a more outgoing person.

06 This equipment might have been stored for quite some time and could be old and dirty.

07 Because she sits closer to the front of class, she thinks that she may as well take notes.

08 Walking through the halls of some schools used to be like attending a fashions show.

09 Though women may not have been taken seriously in the early stages, these days they achieve good results in surf contests.

10 The Rust Belt's thick particulate fog may have helped slow down the effects of climate change.

particulate (a) 미립자의

11 Her mom worried that she would arrive at school with cold, wet feet, but Lydia would not change her mind.

C 수동태

■ 문장의 주어가 행위를 능동적으로 하는 것이 아닌 동작의 영향을 받거나 당하는 것을 수동태라고 한다. 능동태 문장을 수동태를 전환할 경우 본래 목적어에 있던 명사가 주어가 된다. 따라서 목적어가 있는 3,4,5형식만 전환이 가능하다.

STEP 1 형식별 수동태

❶ 3형식의 수동태

- 기본 형태: **주어 + be p.p. + (by 행위자)** ➡ 1형식이 된다!

- The room is cleaned by her. (현재, 수동)
  그 방은 그녀에 의해 치워진다.

- The window was broken by the kids. (과거, 수동)
  그 창문은 아이들에 의해 깨졌다.

Exercise 1 **다음 주어진 문장을 수동태 문장으로 바꾸세요.**

01   He cleans his room.

→ _____ .

02   He cleaned his room.

→ _____ .

03   He will clean his room.

→ _____ .

04   She canceled the plan.

→ _____ .

05   I will meet him.

→ _____ .

06   He always helps poor people.

→ _____ .

07   She finished the work yesterday.

→ _____ .

Check up

❷ **4형식의 수동태:** 원칙적으로 4형식 문장은 목적어를 2개 가지기 때문에 각각의 목적어가 주어로 오는 수동태 문장이 2개씩 만들어질 수 있다. 하지만 어색한 경우는 사용하지 않는다.

기본 형태①	주어(원래 간·목) + be p.p. + 직접목적어 (by 행위자)
기본 형태②	주어(원래 직·목) + be p.p. + [전치사] + 간접목적어 (by 행위자)

→ 3형식이 된다!

· I asked ①her ②a personal question.

→ ① <u>She</u> was asked a personal question by me.

→ ② <u>A personal question</u> was asked of her by me.

★ **직접목적어가 주어가 되는 경우 전치사가 필요하다.**

전치사 선택 방법: 4형식 문장을 3형식으로 바꿀 때 쓰는 전치사를 써준다.

전치사 to를 필요로 하는 동사	give, lend, send, show, teach, write 등
전치사 for을 필요로 하는 동사	buy, make, get, cook, build, find, do 등
전치사 of를 필요로 하는 동사	ask 등

• A gift <u>was given</u> to me by my father.

  선물 하나가 나의 아버지에 의해서 나에게 주어졌다.

• The desk <u>was made</u> for me by my father.

  나는 선물 하나가 아버지에 의해서 주어졌다

■ **직접목적어만 수동태의 주어가 되는 동사**

buy, find, bring, make, write 등

위의 동사들의 간목이 주어로 온다면: I was bought~ (나는 사졌다~)/I was brought~ (나는 가져와 졌다)/I was cooked~(나는 요리되었다~) 등 **매.우.어.색** 따라서 사용안함.

• French fries were made for me by my mom.

  감자튀김은 나에게(나를 위해) 엄마에 의해서 만들어졌다.

• The toys were bought for my sister by her grandmother.

  장난감들은 내 여자형제에게(여자형제를 위해) 그녀의 외할머니에 의해서 구매됐다.

Exercise 1 다음 주어진 문장을 수동태 문장으로 바꿔 쓰세요.(한 문장만 가능할 수도 있음)

01   They sent me a bouquet of flowers.

→ _____.

→ _____.

02   She made me a bookcase.

→ _____.

→ _____.

03   Mary offered him a job in the post office.

→ _____.

→ _____.

04   He bought his parents a car.

→ _____.

→ _____.

05   She asked me personal questions.

→ _____.

→ _____.

06   My grandfather got me a smart phone.

→ _____.

→ _____.

Check up

❸ **5형식의 수동태**

- 기본 형태: **주어 + be p.p. + 목적보어 + (by 행위자)**

- The parents named the baby Guillaume.
  - → The baby was named Guillaume by the parents.

    그 아기는 부모님들에 의해서 Guillaume이라고 이름 붙여졌다.

- He found his wife sick.
  - → His wife was found sick by him.

    그의 아내는 그에 의해서 아프다는 것이 발견되었다.

❹ **준동사를 포함한 문장의 수동태**

■ **to부정사나 동명사, 분사가 사용된 경우는 그대로 사용합니다.**

- He allowed me to go out.
  - → I was allowed to go out by him.

    나는 그에 의해서 외출하는 것이 허락되었다.

- The dentist made my tooth pulled.
  - → My tooth was made pulled by the dentist.

    나의 이는 그 치과의사에 의해서 뽑혀지게 되었다.

■ **원형부정사가 사용된 경우는 to부정사로 바꾸어 사용합니다.**

- I made him study.
  - → He was made to study by me.

    그는 나에 의해 공부하게 됐다.

Exercise 1 다음 주어진 문장을 수동태 문장으로 바꿔 쓰세요.

01   She makes him happy.

→ _____ .

02   She makes him smile.

→ _____ .

03   They wanted me to see him in person.

→ _____ .

04   I heard a girl cry in the street.

→ _____ .

05   Lee made him carry the boxes.

→ _____ .

06   The mechanic had the cars fixed.

→ _____ .

07   The teacher saw the students fighting.

→ _____ .

08   She doesn't allow him to go out with Tom.

→ _____ .

 Check up

❺ **자동사 + 전치사의 수동태:** 자동사와 전치사를 한 타동사로 취급하여 수동태를 만들 수 있다.

- She was bored with her job.
  그녀는 그녀의 직업이 지루했다.
- I am always concerned about my mother's health.
  나는 항상 나의 어머니의 건강을 걱정한다.
- My son was exposed to a horrible danger.
  나의 아들은 끔찍한 위험에 노출됐었다.

❻ **by 이외의 전치사를 사용하는 수동태**

be interested in	~에 흥미가 있다	be tired of	~에 싫증나다
be involved in	~에 관련되다, 연루되다	be tired from	~때문에 지치다
be covered with (in)	~로 덮여 있다	be known to	~에게 알려지다
be filled with (of)	~로 가득 차다	be known as	~로서 유명하다
be pleased with	~로 기뻐하다	be known for	~로 유명하다
be satisfied with	~에 만족하다	be made of	~로 만들어지다 (물리적 변화)
be disappointed with(at)	~에 실망하다	be made from	~로 만들어지다 (화학적 변화)
be surprised at	~에 놀라다	be made in	~에서 만들어지다
be worried about	~을 걱정하다		

▌ **자동사 + 전치사의 수동태**

Exercise 1 다음 주어진 문장을 수동태로 바꿔 쓰세요.

01   Ryu turns on the radio before going to bed.

→ _____ .

02   He sometimes looks down on his classmates.

→ _____ .

03   She will laugh at you when you show her this.

→ _____ .

04   He relies on his brother in many ways.

→   _____.

05   She put off the plan to visit their grandparents.

→   _____.

■ 수동태 종합문제

Exercise 1   밑줄 친 부분을 바르게 고치고 해석하세요. (시제는 주어진 예문에 맞추세요.)

01   The tears <u>were replacing</u> by smiles.

02   You <u>prepared</u> for the work.

03   He <u>was took</u> to a hospital for treatment.

04   We <u>were asking</u> to introduce ourselves.

05   He <u>forced</u> to carry out orders.

06   Every task can <u>is done</u> by a specialist.

07   Cold winter <u>is caused</u> global warming.

08   People in the party <u>dressed</u> like animals.

09   Water in the ocean <u>is heated</u> the sun.

10   All his efforts were eventually <u>abandoning</u>.

Check up

STEP 2	**시제별 수동태:** 동사는 태 뿐만 아니라 동시에 시제도 표현이 가능하다.

따라서 수동태면서 다양한 시제와 결합하여 표현할 수 있다.

	능동태	수동태
현재	• He studies French. 그는 프랑스어를 공부한다.	• French is studied by him. 프랑스어는 그에 의해 공부된다.
과거	• He studied French. 그는 프랑스어를 공부했다.	• French was studied by him. 프랑스어는 그에 의해 공부되었다.
미래	• He will study French. 그는 프랑스어를 공부할 것이다.	• French will be studied by him. 프랑스어는 그에 의해 공부될 것이다.
현재완료	• He has studied French. 그는 프랑스어를 공부해오고 있다.	• French has been studied by him. 프랑스어는 그에 의해 공부 되어 온다.
과거완료	• He had studied French. 그는 프랑스어를 공부했었다. (과거 이전에)	• French had been studied by him. 프랑스어는 그에 의해 공부되었었다. (과거 이전에)
미래완료	• He will have studied French. 그는 프랑스어를 공부해오고 있을 것이다.	• French will have been studied by him. 프랑스어는 그에 의해 공부돼오고 있을 것이다.
과거진행	• He was studying French. 그는 프랑스어를 공부하고 있었다.	• French was being studied by him. 프랑스어는 그에 의해 공부되고 있던 중이다.
현재진행	• He is studying French. 그는 프랑스어를 공부하고 있다.	• French is being studied by him. 프랑스어는 그에 의해 공부되고 있는 중이다.

Exercise 1   다음 주어진 문장에서 요구하는 시제의 수동태 문장으로 바꾸세요.

01   We cleaned the room.

→ _____. (과거)

→ _____. (과거 진행)

02   They broke cars.

→ _____. (과거)

→ _____. (현재 완료)

03   The logger cut down trees.

→ _____. (과거 진행)

→ _____. (현재 완료)

Exercise 1-1   다음 주어진 문장에서 요구하는 시제의 수동태 문장으로 바꾸세요.

01   The man invents the machine.

→ _____. (과거)

→ _____. (과거 진행)

02   They built his new house.

→ _____. (현재 완료)

→ _____. (현재 진행)

03   She uses the computer.

→ _____. (과거 진행)

→ _____. (현재 완료)

Exercise 2 다음 주어진 문장에서 잘못된 부분을 시제와 태에 유의하며 고치세요.

01   My pizza was disappeared.

→ _____ .

02   I was come back from Japan.

→ _____ .

03   The babies have looked after by their nanny.

→ _____ .

04   The continent discovered in 1673.

→ _____ .

05   His father was objected to his son marrying her.

→ _____ .

06   The civilization has been lasted more than 2,000 years.

→ _____ .

07   Her anger was made her laptop broken.

→ _____ .

08   Santa Clause created in the 19th by the cartoonist Thomas Nast.

→ _____ .

09   His happiness was made disappear soon with her absence.

→ _____ .

Exercise 3 다음 주어진 단어를 해석에 맞는 시제로 바꿔 빈칸을 채우세요.

01 His decision _____ to be wise since he became President.
그의 결정은 그가 대통령이 된 이래로 현명하다고 여겨져 오고 있다. (consider)

02 A man _____ in the leg by his own dog.
한 남자는 방금 막 그의 개에 의하여 다리에 총을 맞았다. (just, shoot)

03 The bar_____ in Itawon now. (build)
그 술집은 지금 이태원에 지어지고 있는 중이다.

04 The letter _____ to my mother yesterday. (send)
그 편지는 어제 나의 엄마한테 보내졌다.

05 The piano_____ for 5 years. (not, play)
그 피아노는 5년동안 한 번도 연주되지 않아왔다.

Exercise 3-1 다음 주어진 빈칸을 주어진 해석에 맞도록 주어진 단어를 활용하여 채워 넣으세요.

01 His decision _____ for 3 months.
그의 결정은 3달 동안 연기되어 왔다. (postpone)

02 His sandwich _____ by his pet monkey.
그의 샌드위치는 그의 애완 원숭이에 의해 먹혔다. (eat)

03 A subway station _____ in the countryside. (construct)
지하철역이 시골에 건설되고 있는 중이다.

04 The ball _____ to me yesterday. (give)
그 공은 어제 나에게 주어졌다.

05 The room_____ for 3 years. (not, clean)
그 방은 3달 동안 한번도 청소되지 않아 왔다.

❖ 수동태 실전 독해연습

Actual Exercise 1 다음 주어진 문장을 분석하고 해석하세요.

01 All rescue efforts were eventually abandoned.

> **abandon**
> (v) 버리다, 유기하다

02 Surfing is often thought of as a male sport.

03 You aren't even required to tell jokes.

04 I was reminded of our mission earlier this year.

05 Wood is widely acknowledged to be environmentally friendly.

06 Fruits and vegetables are believed to help prevent cancer.

07 They are also expected to make the audience laugh constantly.

08 The late photographer Jim Marshall is regarded as one of the most celebrated photographers of the 20th century.

> **late** (a) 고인이 된

09 The recording of the great history of Western civilization was made possible by the early development of alphabetic writing.

> **civilization** (n) 문명

10 The negative effects of extrinsic motivators such as grades have been documented with students from different cultures.

> **extrinsic**
> (a) 외적인, 외부의

Actual Test

Actual Exercise 2 다음 주어진 문장을 분석하고 해석하세요.

01 The teams are divided into twelve players on each side.

02 Females are expected to be more patient and sensitive to other people.

03 The teachers were asked to write down the names of students.

04 A staple crop, such as maize, is not being produced in a sufficient amount.

staple (a) 주요한
maize (n) 옥수수

05 The fictional story is derived from the true, tragic and painful history.

fictional (a) 허구적인

06 Their status is made evident to outsiders by the superior location of their residence.

status (n) 지위
residence (n) 거주지

07 Though chocolate may be kept in the refrigerator or freezer, it will take on the smells of other foods in time.

08 The data revealed that the news of the king's death had been widely socially shared.

09 In Kenya, farmers are actively encouraged to grow export crops such as tea and coffee at the expense of basic food production.

at the expense of
~에 대한 희생으로

10 In most part of the world, rabbits have long been valued for their meat and pelts.

Actual Exercise 3 다음 괄호 안에서 문법적으로 맞는 것을 고르고 해석하세요.

01 Control over direct discharge of mercury from industrial operations (has / is) clearly needed for prevention.

> discharge (n) 방출
> mercury (n) 수은
> operation (n) 활동

02 The omelet cannot be fresh, as I know the eggs (were lain /were laid) at least three weeks ago.

> *v1. lie-laid-lain
> v3. lay-laid-laid
> 1형식은 수동태 불가능

03 Honey (was /has been) used since very ancient times, because it was the only way early man could get sugar.

04 According to the law, if someone (accuse /is accused) of a crime, he (considers / is considered) innocent until the court proves that the person is guilty.

05 The recording of the great history of Western civilization (was making / was made) possible by the early development of alphabetic writing.

06 During tomorrow's ceremony, a group of war veterans will (pay / be paid) respect by attendees for their sacrifices.

> veteran (n) 퇴역군인

07 A company that (sent /was sent) inflated bills to its customers has admitted violating federal law.

> inflated (a) 부푼
> federal law (n) 연방법

Actual Test

08 It is a good time to ask questions about salary, benefits, and
paid vacation now that you have been (offering /offered) the
position by the ceremony.

paid vacation
(n) 유급휴가
now that ~이니까

09 The rescue of five children after an earthquake (later called /
was later called) a miracle considering that hundreds of other
innocent children were killed in the same disaster.

10 By the end of the Roman Imperium, Italy (has been stripped /
has stripped / had been stripped) of forest cover.

strip (v) 벗기다

11 He (had been put / had been putted / had been putting) off
doing his chemistry report which was due on Monday.

put off (v) 미루다

12 Cattle (have domesticated / were domesticated) both for meat
and skin and as work animals for agriculture.

domesticate
(v) 기르다

13 For decades, child-rearing advice from experts had (encouraged
/ been encouraged) the night time separation of baby from
parents.

separation
(n) 분리

3

A 종류에 따른 준동사의 분류
B 역할에 따른 준동사의 분류

UNIT THREE

2단계: 구 (준동사)

2단계 들어가기 전에...

2단계는 구입니다.
구는 두 개의 단어가 하나의 세트를 이루는 것을 말합니다.

여기서는 준동사로 구를 배울 것입니다. 따라서 **'2단계 = 준동사'** 라고 보셔도 됩니다.

준동사는? 원래는 동사였지만 지금은 동사가 아닌 명사, 형용사, 부사의 역할을 합니다.

여기서 명사, 형용사, 부사의 역할을 한다는 것은 1단계에서 마찬가지로
명사라면 주어, 목적어, 보어자리, 형용사라면 명사수식,
부사라면 구성요소가 아닌 수식의 역할을 한다는 것을 의미한다는 것을 꼭 기억하세요.

UNIT 3 2단계: 구(준동사)

 Check up

3

▪ 동사를 다른 역할(명사, 형용사, 부사)로 활용하고 싶을 때 형태를 약간 바꿔서 그에 맞는 역할을 한다.

A 준동사 종류에 따른 분류

	형태	역할
to부정사	to 동사원형	명사, 형용사, 부사
동명사	동사-ing	명사
분사	현재분사: 동-ing (능동) 과거분사: p.p. (수동)	형용사

형태를 바꾸는 이유는? 문장의 본동사랑 헷갈리지 않기 위해서!

STEP 1 to부정사

❶ **to부정사의 명사적 용법**: 명사처럼 문장에서 주어, 목적어, 보어의 역할을 한다.

■ **주어 역할**

- To study English **is fun.**

  영어를 공부하는 것은 재미있다.

■ **보어 역할**

- **My plan is** to call her today.

  나의 계획은 오늘 그녀에게 전화하는 것이다.

■ **목적어 역할**

- **I decided** to clean my room.

  나는 내 방을 청소할 것을 결심했다.

 Check up

---

진주어 가주어

■ 주어 역할을 종종 하는 동명사와는 달리 2개의 단어로 구성된 to부정사는 보통 주어로 사용하지 않는다. (서론이 길어짐)

따라서 주어자리를 채워줄 it(가(짜)주어)를 주어자리에 넣고 진(짜)주어인 to부정사는 문장 맨 뒤로 보낸다.

- <u>주어</u>
  <u>To make a good plan</u> is difficult.
- <u>It</u> is difficult <u>to make a good plan</u>.
  가주어   진주어

진목적어 가목적어

■ 5형식 문장에서 역시 to부정사로 인해 목적어가 길어져 목적보어와의 구분이 어려워지면 독해의 어려움이 있으므로 대개의 경우 가목적어 it을 배치하고 진목적어는 문장 뒤로 보낸다.

- 목적어   목적보어
  Her intervention made <u>to make a plan</u> <u>harder.</u>
- Her intervention made <u>it</u> harder <u>to make a plan.</u>
  가목적어   진목적어

의문사+to부정사

의문사+to부정사의 형태로도 명사의 역할을 할 수 있다

what+to부정사	무엇을~(해야)할지
which+to부정사	어떤 것을~(해야)할지
how+to부정사	~하는 방법, 어떻게~(해야)할지
where+to부정사	어디에~(해야)할지
when+to부정사	언제~(해야)할지

- I don't know how to get there.
  나는 어떻게 거기에 가야할지 모른다.
- I tried to decide when to start.
  나는 언제 시작해야할지 결정하려고 노력했다.

Exercise 1 to부정사의 명사적 용법에 유의하며 다음 주어진 문장을 해석하세요.

01   To keep a secret is not that easy.

02   It is not fun to study math.

03   I planned to go abroad within a year.

04   His plan was to go abroad within a year.

05   Saerin learned to dance.

Exercise 2 주어진 단어 중 적절한 것을 골라 형태를 알맞게 바꾼 후 빈칸을 완성하세요.

❚ 보기 ❚   **be, buy, keep, go, become**

■ 주어

01   _____quiet will help him a lot.

02   It is important _____a secret.

■ 보어

01   My dream is _____a famous actor.

02   Her wish is_____ to her hometown.

■ 목적어

01   I want _____an expensive car.

02   I love_____to the circus.

Exercise 3 주어진 문장을 (진주어/ 가주어) 구문으로 바꾸어 쓰세요.

01 To pronounce the word correctly is very difficult.

= _____ .

02 To arrive there in time was almost impossible.

= _____ .

03 To play volleyball at the beach is always exciting.

= _____ .

04 To meet each other was not necessary.

= _____ .

Exercise 4 주어진 단어를 활용하고 to부정사를 이용하여 영작하세요.

01 수영하는 것은 재미있다. (swim, fun)

→ _____ .

02 강에서 수영하는 것은 재미있다. (river)

→ _____ .

03 책을 많이 읽는 것이 방학을 위한 나의 계획이다. (vacation, plan)

→ _____ .

04 너무 많이 먹는 것은 고통스럽다. (painful)

→ _____ .

05 사람들을 돕는 것이 나를 행복하게 만든다.

→ _____ .

Exercise 4-1 주어진 단어를 활용하고 to부정사를 이용하여 영작하세요.

01 나의 취미는 동전을 모으는 것이다.

→ _____.

(hobby, collect)

02 그를 괴롭히는 것이 나 역시도 괴롭힌다.

→ _____.

(bother, also)

03 나는 진실을 말하기를 결심했다.

→ _____.

(truth, decide)

04 보는 것이 믿는 것이다.

→ _____.

05 행복해진다는 것은 돈과 관련이 있지 않다.

→ _____.

(be related to)

☀ Check up

❷ **to부정사의 형용사적 용법**: 형용사처럼 명사를 꾸며준다.
① 항상 뒤에서 앞으로 꾸며준다. ② 미래적 의미를 가질 수 있다. ③ 필요한 경우 전치사를 써준다.

- I have some books <u>to read</u>.
  나는 읽을 약간의 책을 가지고 있다.

- Tom is not the man <u>to tell a lie to us</u>.
  Tom은 우리에게 거짓말을 할 사람이 아니다.

- They need friends <u>to play with</u>.
  그들은 함께 놀 친구들이 필요하다.

- I need something <u>to open the bottle with</u>.
  나는 가지고 병을 열 무언가를 필요로 한다.

cf. 꾸며줄 때 뒤에서 앞으로 꾸미는 경우는 길기 때문이다. 여기서 '길다'는 것은 2단어 이상을 말하는데 to부정사는 항상 2단어 이상(to+동사원형)이기 때문에 항상 뒤에서 앞으로 꾸며준다.

Exercise 1 다음 밑줄 친 부분의 역할을 확인하고 해석하세요.

01   Danny is not the man <u>to tell a lie to us.</u>

02   She gave up finding a person <u>to talk with.</u>

03   They decided to buy some beverages <u>to drink at night.</u>

04   Her signal means making something <u>to eat.</u>

05   There are many places <u>to visit in JeJu-do.</u>

06   He is trying to make something <u>pretty to attract attention.</u>

Exercise 2 괄호 안에 주어진 단어를 바르게 배열하여 문장을 완성하세요.

01 I found_____ at the flea market. (things, to sell)

02 This is _____. (to buy, him, a bicycle, for)

03 I bought _____ for dinner. (a sandwich, my brother, to give)

04 She is looking for_____. (her, laugh, something, to make)

05 He wants to join _____ every Sunday. (in, a club, to participate)

06 He was dancing with _____ soon. (to, a girl, sleep, to, go)

Exercise 2-1 다음 to부정사의 형용사적 용법에 유의하며 다음 주어진 문장을 해석하세요.

01 I was looking for a pen to write with.

02 At that time, he needed something to sell.

03 When I was crying, he lent me his shoulder to cry on.

04 I bought a fancy desk to work on.

Exercise 3 다음 주어진 문장에서 부족한 부분이 있으면 채워 넣고 해석하세요.

01 She brought a chair to sit.

02 The man was looking for someone to talk.

03 I have just eaten all the cookies to give my brother.

04 We found a cabin to stay.

05 They met the baby to look.

Exercise 3-1 다음 주어진 문장에서 부족한 부분이 있으면 채워 넣고 해석하세요.

01 The teacher gave me some papers to write.

02 They are choosing a place to travel.

03 I need someone to go to the party.

04 Gin has a cat to take care.

05 There are many apples to eat.

Exercise 4 주어진 단어를 활용하고 to부정사를 이용하여 영작하세요.

01 나는 그녀에게 점심으로 줄 햄버거 하나를 만들었다.

→ _____.
   (a hamburger)

02 우리는 숨 쉴 깨끗한 공기가 필요하다.

→ _____.
   (breathe)

03 볼만한 좋은 영화들이 없다.

→ _____.
   (There, see)

04 그녀는 잃을 어떤 것도 가지고 있지 않다.

→ _____.
   (anything)

05 나는 함께 영화를 보러갈 누군가를 선택할 수 없었다.

→ _____.
   (couldn't choose, the movies)

Check up

❸ **to부정사의 부사적 용법:** 부사처럼 문장의 핵심요소가 되지 않고 꾸며주는 역할만 한다.

■ **~하기 위해서**

- I met her to give the book.
  나는 그 책을 주기 위해서 그녀를 만났다.

■ **무의지 동사: 앞에서 뒤로 해석 (wake up, grow up 등)**

- He grew up to be a painter.
  그는 자라서 화가가 되었다.

■ **감정단어와 함께: 뒤에서 앞으로 해석**

- I was surprised to see her on TV.
  나는 TV에서 그녀를 봐서 놀랐다.

Exercise 1 **to부정사의 부사적 용법에 유의하며 다음 주어진 문장을 해석하세요.**

01 He grew up to be a famous hunter.

02 She always works late every day to earn a lot of money.

03 Taehee was surprised to see blood on the handkerchief.

04 I was being honest to be loved by my teacher.

05 I had to fight with tigers to show her my courage.

06 She awoke one day to find her house robbed.

07 He didn't keep his promise to get back at her.

08 They were really annoyed to miss a bus.

09   She only woke to ask for water.

10   She has worked so hard to accomplish something great.

Exercise 1-1   to부정사의 부사적 용법을 유의하며 다음 주어진 문장을 해석하세요.

01   We should do our best to get the prize.

02   They blamed each other for the failure to avoid being punished.

03   He grew up to be a father.

04   She got excited to meet such a famous actor in person.

05   To make fun of her, he waited for her for 5 hours.

06   He must be sad not to say anything until now.

07   He sent them money to get his daughter back.

08   My parents moved to Seoul to live closer to me.

09   She is fascinated to see her favorite singer in person.

10   To save their lives, I will stay with them.

▌ to부정사 종합 문제

Exercise 1 다음 주어진 문장에서 밑줄 친 to부정사의 용법을 구별하세요.

01 <u>To make</u> him fail is his laziness.

02 <u>To get</u> a promotion, he has to be diligent

03 It was important <u>to remember</u> his name.

04 I have some questions <u>to ask</u> you.

05 Jane is looking for a house <u>to live</u> in.

06 I hope <u>to see</u> snow at Christmas.

07 He sent me an e-mail <u>to remind</u> me of the plans.

08 She came early <u>to take</u> a good seat.

09 I was delighted <u>to find</u> the cat alive.

10 My job is <u>to design</u> pretty dolls.

Exercise 1-1 다음 주어진 문장에서 밑줄 친 to부정사의 용법을 구별하세요.

01 They agreed <u>to stop</u> their quarrel for a while.

02 The airplane managed <u>to land</u> on time.

03 His plan is <u>to get</u> her number.

04 <u>To prepare</u> for going out made me happy.

05 The aim of this meeting was <u>to get</u> to know each other better.

06 He needs something <u>to drink</u>.

07 Pens <u>to make</u> a blueprint with are sold at this store.

08 I stood up <u>to approach</u> him.

09 He grew up <u>to be</u> a great artist.

10 I was excited <u>to have</u> a good opportunity.

☀ Check up

STEP 2 동명사

❶ **동명사의 명사적 용법:**
명사처럼 주어, 목적어, 보어자리에 올 수 있다. 명사적 용법의 to부정사와 바꿔 쓸 수 있으나 목적어자리에는 동사에 따라 동명사 또는 to부정사가 결정된다. (부록 참고)

■ **주어역할**

- Studying English is fun. (= To study English is fun.)
  영어를 공부하는 것은 재미있다.
- Ignoring him is difficult. (= To ignore him is difficult.)
  그를 무시하는 것은 어렵다.

■ **보어역할**

- My plan is calling her today.
  나의 계획은 오늘 그녀에게 전화하는 것이다.
- My hobby is collecting stamps.
  나의 취미는 우표를 모으는 것이다.

■ **목적어역할**

- I denied lying.
  나는 거짓말한 것을 부인했다.
- I enjoyed making fun of her.
  나는 그녀를 놀리는 것을 즐겼다.

Exercise 1 다음 문장을 문법에 맞게 고치세요. (to부정사도 가능한 경우, 둘 다 쓰세요)

01　Send a letter is polite.

02　Water the plants is my duty.

03　My vacation plan is travel to lots of places.

04　Keep calm with the baby is not easy.

05　My plan was make her upset.

06   The idea is invite them.

07   I really enjoyed shop with my father.

08   Study hard may mean success.

09   She gave up make friends.

10   Ken put off do the dishes.

Exercise 2   주어진 단어 중 적절한 것을 골라 형태를 알맞게 바꾼 후 빈칸을 채우세요.

❙ 보기 ❙   **play, have, sleep, read, take, wear, be, eat**

■ 주어

01   _____ too much can make you feel dizzy.

02   _____ sunglasses helps to protect the eyes.

■ 보어

01   My plan for tonight is _____ the piano.

02   His choice was _____ out with his family, not his girlfriend.

■ 목적어

01   I enjoyed _____ a bath.

02   I love _____ books.

■ 전치사구

01   Instead of _____ a party, I studied.

02   I'm sorry for _____ late too much.

Exercise 3   다음 주어진 단어를 참고로 하여 영작하세요.

01   운동하는 것은 중요하다. (exercise, important)

→ _____.

02   영어를 공부하는 것은 재미있다. (study, fun)

→ _____.

03   밤새는 것은 어렵다. (all night, stay up, difficult)

→ _____.

04   배드민턴 치는 것이 한국에서 인기 있게 되었다. (popular, badminton, become)

→ _____.

05   하나의 언어를 배우는 것은 또 다른 문화를 배우는 것을 의미한다.
     (language, learn, another, mean)

→ _____.

 Check up

STEP 3 **분사 :** 분사는 형용사역할을 하므로 명사를 꾸며준다. 단독으로 꾸밀 때는 형용사처럼 앞에서 뒤로 꾸미고 길어질 경우 뒤에서 앞으로 꾸민다.

분사	현재분사 → 원형 + ing → 능동의 뜻
	과거분사 → p. p. 형태 → 수동의 뜻

❶ **현재분사**

- a dancing girl (단독 수식, 앞 - 뒤)
  춤추는 소녀

- a girl dancing on the floor (길어진 경우, 뒤 - 앞)
  마루에서 춤추는 소녀

❷ **과거분사**

- the broken vase
  깨진 화병

- the vase broken by a girl
  한 소녀에 의해서 깨진 화병

Exercise 1 다음 주어진 한글에 맞게 영어로 적으세요.

01   우는 소년   →   _____

02   거리에서 우는 소년   →   _____

03   깨진 병   →   _____

04   선생님에 의해서 깨진 병   →   _____

Unit 3

3

2단계: 구 (준동사)

Exercise 1-1 다음 주어진 한글에 맞게 영어로 적으세요.

01   노래하는 학생   →   _____

02   교실에서 노래하는 학생   →   _____

03   만들어진 차   →   _____

04   한국에서 만들어진 차   →   _____

Exercise 2 다음 밑줄 친 부분을 문법에 맞게 고치세요.

01   The cook <u>mix</u> dough looks young.

02   I like to eat <u>boil</u> eggs.

03   I looked at an airplane <u>fly</u> in the sky.

04   The child <u>raise</u> by her grandfather avoids meeting her parents.

05   The girls <u>sing</u> songs are very attractive.

06   I sang a song for <u>sleep</u> babies.

07   The student <u>live</u> in Seoul wants to move to the countryside.

08   The athlete <u>train</u> by a legendary coach showed his possibility at the match.

Exercise 2-1 다음 밑줄 친 부분을 문법에 맞게 고치세요.

01   I kept glancing at the <u>dance</u> girl.

02   He likes all the things <u>make</u> in Japan.

03   The girl <u>look</u> at the building seems to be in trouble.

04   The dog <u>carry</u> by the owner continued to bark.

05   She dropped the bowl <u>fill</u> with oranges.

06   The boy <u>read</u> a book is my brother.

07   <u>Roast</u> coffee beans smell good.

08   Harry Potter series <u>read</u> by people are interesting.

시험과 독해를 위한 BEST문법 2

◆ 분사로 감정 표현하기

짜증나고, 신나고, 등의 감정을 표현할 때 분사를 사용할 수 있는데요!
수동을 나타내는 과거분사(p.p.)를 쓸까요? 능동을 나타내는 현재분사(ing)를 쓸까요?

한번 생각해 볼까요?
제가 갑자기 하하하 웃다, 엉엉 울다, 버럭 화내면 이상하겠죠?
왤까요? 보통 감정의 변화는 외부의 요인에 '의해' 좌우되는 것이기 때문입니다.

좋아하는 그녀에게 난 그저 호구였단 사실에 '의해서' 우울하게 된 것이고
처음 산 로또에 당첨됐다는 사실에 '의해서' 흥분되는 것입니다.

I became <u>depressed</u>.
I am <u>excited</u>.

만약 현재분사로 쓰고 싶다면 어떻게 활용할 수 있을까요?

The news was depressing. (그 소식은 우울함을 일으키는 것이었다.)
The concert was exciting. (그 콘서트는 흥분을 일으켰다.)

그 소식 자체가 (능동적으로) 우울함을 일으키고, 콘서트 자제가 흥분을 불러일으키므로 현재분사를 써서 표현할 수 있겠죠?

물론 제가 위에 예문에서처럼 보어로만 사용하는 것이 아니라
depressed man, excited girl, depressing news, exciting concert 이런 식으로도 쓸 수 있을 것입니다.

그럼 주요 감정을 나타내는 동사를 소개해드릴게요~!

놀람	surprise(놀라게 하다), amaze /astonish(매우 놀라게 하다), frighten(겁먹게 만들다)
기쁨·만족	amuse(즐겁게 하다), delight /please(기쁘게 하다), satisfy(만족시키다)
당황	embarrass /puzzle /perplex /baffle(당황스럽게 하다), confuse(혼란시키다)
실망	disappoint(실망시키다), discourage /frustrate(좌절시키다)
기타	excite(흥분시키다), interest(흥미를 유발하다), impress(감명을 주다), move /touch(감동시키다), depress(우울하게하다), tire /exhaust(지치게 하다), bore(지루하게 하다)

Exercise 3 괄호 안에서 어법에 맞는 표현을 고른 후, 해석하세요.

01   The (confusing / confused) rule makes a lot of trouble.

02   The (changing / changed) plan made them (confusing / confused).

03   I think she is (annoying / annoyed), because she interrupts me all the time.

04   I think she is (annoying / annoyed), because I spilled hot coffee on her.

05   The concert made the audience (exciting /excited).

06   She was (shocking / shocked) to see the body.

07   The news was (shocking / shocked).

08   The story is very (moving / moved).

09   He was very (moving / moved) to hear the story.

Exercise 4 다음 문장에서 문법에 맞지 않는 부분을 고치세요.

01   The letter send by Kelly arrived yesterday.

02   The man sit at the back couldn't hear a word.

03   Students use the Internet at home would have a lot of educational advantages.

04   Mom was surprise at my A+ in English.

05   The pictures show to us by him were very wonderful.

06   The soccer match last night was very excite.

07   Some women influence by mass media have become unhappy with their appearance.

08   Paul was boring with the TV news program.

09   The board game at the party was so interest.

 Check up

B 준동사 역할에 따른 분류

표로 한눈에 보기!

1단계: 단어	2단계: 구(준동사)	하는 일
명사	= to부정사, 동명사	→ 주어, 목적어, 보어자리에 들어감.
형용사	= to부정사, 분사	→ 명사 수식
부사	= to부정사	→ 명사 빼고 다 수식, 문장 끝나고 올 수 있다.

STEP 1 명사적 용법

	공통점	차이점
to 부정사	명사의 역할 즉, 주어, 목적어, 보어자리에 들어갈 수 있다.	주어와 보어자리에는 아무거나 써도 되지만, 목적어자리는 앞에 있는 동사에 따라 동명사가 올지 to 부정사가 올지 결정된다.
동명사		

❶ 주어 역할

- To study English is fun. (o)
  영어를 공부하는 것은 재미있다.
- Studying English is fun. (o)
  영어를 공부하는 것은 재미있다.

❷ 목적어 역할

- I decided to study hard. (o)
  나는 열심히 공부할 것을 결심했다.
- I decided studying hard. (x)
- I enjoyed meeting people. (o)
  나는 사람들을 만나는 것을 즐겼다.
- I enjoyed to meet people. (x)

❸ 보어 역할

- My plan is to call her. (o)
  나의 계획은 그녀에게 전화를 거는 것이다.
- My plan is calling her. (o)
  나의 계획은 그녀에게 전화를 거는 것이다.

Exercise 1 다음 밑줄 친 부분을 문법에 맞게 고쳐 쓰세요.

01   You must learn <u>be</u> honest all the time.

02   I really enjoyed <u>have</u> dinner with him.

03   The student denied <u>steal</u> the textbook from his classmate.

04   Cathy chose <u>adopt</u> two children.

05   I gave up <u>get</u> high grades like her.

06   I refused <u>carry</u> such a heavy bag.

07   He always pretends <u>have</u> rich parents.

08   Chandler avoided <u>face</u> her this morning.

09   All of us agreed <u>reduce</u> our budget.

10   He considered not <u>keep</u> the car.

Exercise 1-1 다음 밑줄 친 부분을 문법에 맞게 고쳐 쓰세요.

01   The angel failed <u>save</u> the devil.

02   They learned <u>think</u> differently about a subject.

03   Ben postponed <u>take</u> a yoga class with his girlfriend.

04   His parents expect <u>see</u> their only child soon.

05   He keeps deciding <u>pretend</u> to be happy.

06   The whole family members have just finished <u>do</u> their laundry.

07   The ugly little girl has just finished <u>worry</u> about her high popularity.

08   She decided <u>finish</u> worrying about her high popularity.

09   Would you mind <u>turn</u> down your radio?

10   I agreed <u>teach</u> my brother math 3 times a week.

Exercise 2　다음 밑줄 친 부분을 문법에 맞게 고쳐 쓰세요.

01　She continued <u>keep</u> in touch with him.

02　I love <u>play</u> basketball.

03　<u>Make</u> a cake takes much time.

04　Lilly stopped <u>buy</u> flowers at the flower shop.

05　Her hobby is <u>reform</u> her clothes.

06　His mother forgot <u>punish</u> him severely yesterday.

07　I remember <u>win</u> a contest.

08　<u>Read</u> newspapers every day is good for children.

09　I quit <u>learn</u> to play the piano.

10　I didn't mean <u>hurt</u> her, but I finally made her cry.

Check up

STEP 2 형용사적 용법

	공통점	차이점
to부정사	형용사의 역할 즉, 명사를 꾸며준다. 단독으로 꾸며주는 것이 아니라 구가 길어질 경우 (2단어 이상으로 구성) 뒤에서 앞으로 꾸민다.	'~할' 이라는 미래적 의미가 포함됨.
분사		현재 '하고 있는'이라는 능동의 의미일 땐 현재분사를, '된'이라는 수동의 의미일 땐 과거분사를 사용한다.

- a built house (단독 수식 앞→뒤)
  지어진 집

- a house built in the neighborhood (길어진 경우, 뒤→앞)
  동네에 지어진 집

- a house to be built in the neighborhood (길어진 경우, 뒤→앞)
  동네에 지어질 집

STEP 3 부사적 용법
- to부정사 파트 참조

Exercise 1 다음 주어진 한글에 맞게 영어로 적으세요.

01   자는 아이   → _____

02   잘 아이   → _____

03   아침을 먹는 소년   → _____

04   아침을 먹을 소년   → _____

05   책을 운반하는 사람   → _____

06   운반되는 책   → _____

07   운반될 책   → _____

Exercise 1-1 다음 주어진 한글에 맞게 영어로 적으세요.

01   노래하는 소녀   →   _____

02   노래할 소녀   →   _____

03   햄버거를 먹는 남자   →   _____

04   햄버거를 먹을 남자   →   _____

05   쏟아진 콩들   →   _____

06   쏟아질 콩들   →   _____

▌ 준동사 종합문제

Exercise 1 다음 밑줄 친 단어를 문법적으로 올바른 형태로 고치세요.

01   <u>Find</u> a true friend is very difficult.

02   The house <u>build</u> last month is not sold yet.

03   It is important <u>have</u> a specific plan.

04   The girl <u>lie</u> on the bed read the letter from her mother.

05   <u>Quit</u> smoking improves your life.

06   The film <u>make</u> on a low budget was very interesting.

07   It is the key to success <u>use</u> your time effectively.

08   The passengers <u>injure</u> in the accident were sent to the hospital.

09   The man <u>stand</u> by the piano is my music teacher.

10   <u>Do</u> regular exercise is good for your health.

Exercise 1-1 다음 밑줄 친 단어를 문법적으로 올바른 형태로 고치세요.

01　Many workers <u>keep</u> their regular jobs want to learn new skills.

02　<u>Think</u> positively can cause many changes in your life.

03　The thief <u>climb</u> the wall will be caught by the police officer.

04　The information <u>supply</u> by radio or TV is not always correct.

05　Many cars <u>make</u> in Korea are popular in America.

06　The employee <u>stand</u> at the gate can give you some information.

07　A man <u>name</u> Hemingway wrote a lot of great novels.

08　The man <u>play</u> the guitar begged for money.

09　The man <u>repair</u> the car didn't see me.

10　People <u>suffer</u> from computer game addiction need medical treatment.

Exercise 1-2 다음 밑줄 친 단어를 문법적으로 올바른 형태로 고치세요.

01　I am looking for something <u>sit</u> on.

02　The girl <u>live</u> in the countryside runs fast.

03　I grew up <u>be</u> a pianist.

04　I'm interested in <u>learn</u> <u>play</u> the guitar.

05　I woke up the <u>sleep</u> girl.

06　I bought something <u>drink</u> with him.

07　The old lady <u>knit</u> a muffler is my grandmother.

08　My plan is <u>go</u> to party tonight.

09　The present <u>buy</u> by Jinsu is for his sister.

10　<u>Do</u> right thing is necessary in life.

Actual Test

❖ 준동사 실전 독해연습

Actual Exercise 1 다음 주어진 문장을 준동사에 유의하며 해석하세요.

01 The works made by 100 designers will be displayed.

02 The entire process of making this musical instrument takes around a month.

03 Children with reading disabilities find it difficult to think of themselves as smart.

reading disability
(n) 읽기장애

04 To satisfy our audience's growing needs, we've added three new functions to our app.

05 She decided to bake her guest a cake to take with him.

06 Each farmer owns several small plots scattered around the village.

plot (n) 작은 땅

07 I was charmed by the native birds, monkeys, and lizards moving among the branches.

08 The volcano stopped erupting completely and became dormant.

dormant
(a) 휴지상태에 있는, 잠자는

09 My experience working with people suffering from chronic pain will be never forgotten.

chronic pain
(n) 만성통증

10 Participants will look for dinosaur bones hidden in sand and then put them together.

Actual Exercise 2 다음 주어진 문장을 준동사에 유의하며 해석하세요.

01 Things acquired with little effort are easily lost.

02 The word 'courage' takes on added meaning.

take on
(v) 띠다, 나타내다

03 Parents would happily give up their own food to feed their children.

04 Experienced writers invariably write in a climate of discussion.

invariably (ad) 언제나

05 To be courageous under all circumstances requires strong determination.

circumstance (n) 상황
determination
(n) 결단력

06 The amount of energy used to cool America may be equal to all the energy consumed in China today.

07 The book made him the most respected man of the Italian art world.

08 In this digital age, knowing how to use photography effectively is more important.

09 You will receive insightful suggestions on how to make it better.

insightful
(a) 통찰력 있는
suggestion (n) 제안

10 A book written by a famous writer is not always a good book.

Actual Test

Actual Exercise 3 다음 주어진 문장을 준동사에 유의하며 해석하세요.

01 They discussed the company's expenses and dwindling revenue.

dwindle (v) 줄어들다

02 Kim agreed to let her keep her existing clients, some photography, and documents.

03 A ship traveling through rough seas lost 12 cargo containers.

cargo container
화물 컨테이너

04 Brightly colored ducks, frogs, and turtles were set adrift in the middle of the Pacific Ocean.

color (v) 색을 입히다
set adrift (v) 표류하다

05 I felt a sudden chill in the air followed by an uncomfortable stillness.

stillness (n) 고요, 정적

06 Maize is now one of the most widely planted crops on earth.

07 People using the conventional version couldn't effectively compete.

conventional
(a) 전통적인, 관습적인

08 Paintings, ceramic works, and photographs submitted by students will be exhibited.

09 We may eat a cookie just to have something to chew on.

chew on (v) 씹다

10   If we are planning on reducing congestion on a busy roadway, the best possible thing to do is to simply widen the road.

congestion (n) 정체

Actual Exercise 4 다음 주어진 문장을 준동사에 유의하며 해석하세요.

01 I offered him a nest made of a covered box.

02 Such behavior is like closing a wound still infected.

03 Anxiety has a damaging effect on mental performance of all kinds.

04 Rumors published on the Internet now have a way of immediately becoming facts.

have a way of
흔히 ~ 하게 되어 있다

05 Optimal experience can be placing with trembling fingers the last block on a tower.

optimal (a) 최적의
tremble (v) 떨다

06 Many people take numerous photos to preserve the experience for the future.

07 The most common activity among people observed by Whyte turned out to be watching other people.

08 People having private conversations would stand in the middle of the sidewalk.

09 Her heart was touched with compassion for the distressed mother.

compassion
(n) 동정, 연민

10 Ideas expressed imprecisely may be more intellectually stimulating for listeners or readers than simple facts.

 **Actual Test**

Actual Exercise 5   다음 주어진 문장을 준동사에 유의하며 해석하세요.

01   The number of workers willing to work at this wage far
exceeded the number of needed workers.

the number of
~의 수
cf. a number of 많은

02   I remember as a teenager making a short, odd film with a home
movie camera.

03   The concept of humans doing multiple things at a time has been
studied by psychologists since the 1920s.

04   Jenna wrote a thoughtful letter to the human resources
department of a store alerting them to a clerk's discriminatory
treatment to her at the store.

human resources
department
(n) 인사과
alert (v) 알리다

05   One of the things needed for managing diversity and
multiculturalism in an organization is understanding the nature
and meaning of them.

diversity (n) 다양성

06   Local environmental agencies across the country have set
up programs for homeowners to trade in their old gasoline
powered lawnmowers and electric equipment.

07 Reevaluating our alternatives after making a decision increases our commitment to the action taken and keeps us moving toward.

commitment (n) 헌신

08 The so-called Mozart effect – listening to Mozart will make your child smarter – is a good example of a scientific innovation being discarded by the media through hype not warranted by the research.

discard (v) 버리다
hype (n) 과대 광고

시험과 독해를 위한 BEST문법 3

◆ **빈번하게 쓰이는 의미상의 주어**

'**사역동사**에는 동사원형!' 이런 표현 많이 들어보셨을 것입니다.
이것만 제대로 이해해도 많은 문제들을 풀어내고 해석할 수 있답니다.

제대로 접근하는 저만의 비법! 알려드릴게요~~~! 호호호호 👀✨

이 문장을 보세요
I had him clean the room.

많이 본 구조 아닌가요?

이 문장에서 had가 본동사입니다.
그렇다면 준동사도 아닌 동사의 형태로 떡 하니 있는 **clean의 정체**는 무엇일까요?

자, 이렇게 하는 것입니다.
had를 본동사로 넣고 him에다가 작은 주어(s)표시를 하고 clean에다가는 작은 동사(v) 표시를 해보세요.

그리고 확인을 했을 때 **'그가 청소하다'**로 해석이 되니깐 주어, 동사의 관계는 맞죠?
하지만 이 문장에서 본주어와 본동사가 아니기 때문에 작은 주어, 작은 동사로 표시한 것입니다.

여기까지 이해한 상황에서 본동사를 3가지 경우로 분류를 합니다.

1 사역동사 (let, have, make)
2 지각동사 (watch, hear, feel 등)
3 그 외

사역동사는 3개 밖에 없고요, **지각동사**는 물론 너무 많아서 다 외울 순 없지만 지각동사의 정의대로 '감각기관
을 통해 지각하는 것'과 관련된 단어는 다 외우지 않아도 구별할 수 있을 것입니다. 예를 들어, 보다, 눈을 통해
지각하니깐 지각동사가 맞습니다. 느끼다, 피부를 통해 지각하니깐 지각동사가 맞습니다.
관찰하단 뜻의 observe는 어떨까요? 역시 눈을 통해 지각하니깐 지각동사가 맞겠지요???
이렇게 찾아내시면 됩니다.

그래서 **본동사가 사역동사일 경우 작은 동사에 동사원형**이 옵니다. 또한 지각동사일 경우는
동사원형이나 동사+ing 중에 내가 쓰고 싶은 것 씁니다. 그리고 **사역동사도 아니고 지각동사도
아닌 경우는 to부정사**로 찍습니다! 이렇게 찍으면 정답 확률은?? 85%정도 되는데 나머지 15%는
나올 때마다 구별해서 외워주면 됩니다.

① She saw a girl (cry / to cry) in the street.
② They encouraged me (apply / to apply) to the company.

자, ① 본동사 saw가 지각동사이므로 동사원형이나 ing가 올 수 있는데 보기에 동사원형밖에 없어서 동사원형
이 정답이 되겠네요. ②은 encouraged(격려하다)가 사역동사도 아니고 지각동사도 아니니깐 to apply가 정
답이 됩니다!

할만하신가요? 여기서 끝이 아닙니다….(괜히 자주 나오는 게 아니 였어. ㅠ.ㅠ)

*작은 주어와 작은 동사*를 좀 더 활용해야 하지 않겠습니까!!

꼭 작은 주어와 작은 동사를 표시하고 **주어동사처럼 해석되는지 확인하고 적용해야 합니다.**
그렇지 않으면 …

I made a chair to give my brother.

이 문장을 보고 *'어머 사역동산데 뒤에 to동사원형이 왔어! 이건 틀린 문장이야!'*라고
생각할 수 있기 때문입니다. 하지만 이렇게 두고 보면 '의자가 준다'는 것은 어색하기 때문에 아까 배운 구조가
아니라는 것을 쉽게 눈치채고 다른 식으로 접근할 수 있겠죠.

저 문장은 나는 의자 하나를 만들었다고 문장이 종료된 후 내 남자형제에게 주기 위해서라고 to부정사의 부사
적 용법을 사용한 구조입니다.

또 2번째 이유는 작은 주어와 작은 동사의 관계가 수동일 경우 본동사와 상관없이 무조건!!
작은 동사에 수동의 형태인 p.p.를 써줘야 합니다. 예문보시죠

I let my tooth pull.

여기서 나의 이빨이 뽑혀진다는 수동이므로 사역동사라 해도 pull을 쓰는 것이 아니라
p.p.형인 **pulled**를 써줘야 합니다.

A 남아있는 동사의 기능
B 준동사 관용표현

4
UNIT FOUR

2단계: 준동사 심화학습

준동사 심화학습이란?

준동사란 원래는 동사였지만 지금은 동사가 아닌(즉 명사, 형용사, 부사)의 역할을 하는 것이라고 정의했습니다.
to를 붙이거나, ing를 붙이는 등 약간의 형태를 바꾼 후 (문장의 본동사와 구별 짓기 위해)
명사처럼 주어, 목적어, 보어자리에 들어가거나, 형용사처럼 명사를 꾸미거나 합니다.
여기까진 우리가 앞에서 이해했는데!!

한 가지를 더 추가를 해야 합니다.

준동사는 <u>원래 동사였기 때문에 동사의 기능이 남아있는 것입니다!!</u>

◆ 남아있는 동사의 기능

1. 부정을 표현할 수 있다.

2. 시제를 표현할 수 있다.

3. 태를 표현할 수 있다.

4. 동사 앞에 주어가 온다.

5. 동사의 종류에 따라 동사 뒤에 보어나 목적어가 올 수 있다.

준동사에도 이런 동사의 기능을 쓸 수 있다는 것을 준동사 심화학습에서 배울 것입니다.

UNIT 4 2단계: 준동사 심화학습

☀ Check up

A 남아있는 동사의 기능

STEP 1 빈번하게 쓰이는 의미상의 주어 (101p 참고)

❶ 본동사가 사역동사일 때 (make, have, let)

의미상의 주어 뒤에 <u>동사원형</u>이 온다.

- The policeman had him <u>confess</u> everything about the crime.

  그 경찰관은 그가 그 범죄에 대해서 고백하게 했다.

❷ 본동사가 지각동사일 때 (hear, watch, see, notice, feel 등)

의미상의 주어 뒤에 <u>동사원형이나 동명사</u>가 온다.

- I sometimes watch her <u>play(playing)</u> the piano.

  나는 때때로 그녀가 피아노를 치는 것을 본다.

❸ 본동사가 그 외의 동사일 때

의미상의 주어 뒤에 <u>to부정사</u>가 온다.

- The teacher allowed the students <u>to go</u> to the restroom in class.

  그 선생님은 학생들이 수업 중에 화장실에 가는 것을 허락했다.

❹ 의미상의 주어와 준동사의 관계가 수동일 때

본동사와 상관없이 의미상의 주어 뒤에 <u>p.p.형(과거분사)</u>가 온다.

- The policeman had the crime <u>confessed</u> by him.

  그는 경찰관은 그 범죄가 그에 의해서 고백되게 했다.

- I sometimes watch the piano <u>played</u>.

  나는 때때로 피아노가 연주되어지는 것을 지켜본다.

- He had his hair <u>cut</u> by his sister. (cut-cut-cut)

  그는 그의 머리카락이 그의 여자형제에 의해 잘려지게 했다.

★ **예외:** 다수의 예외가 있지만 준사역 help는 꼭 기억하자.

의미상의 주어 뒤에 to부정사나 동사원형이 온다.

- The policeman helped him <u>(to) confess</u> the crime.

  그 경찰관은 그가 그 범죄를 고백하도록 도왔다.

Exercise 1 다음 괄호 안에서 문법에 맞는 것을 고르세요.

01   I heard someone (to yell / yelling) at her.

02   Mike wants his son (to visit / visit) his grandmother's house.

03   She asked us (to come /coming) over to her house the other day.

04   I saw my science teacher (to enter / enter) a restaurant near the school.

05   My parents didn't let my brother (playing / play) with friends at night.

06   I expected him (guessing / to guess) my age.

07   Some people see something (happened / happen) in a dream.

08   A cup of coffee helps people (stayed/ stay) more focused while reading books.

09   You have to make your ideas and feelings (known / know) to others.

10   His participation encouraged many other people (make /to make) donations online.

Exercise 2 다음 주어진 문장에서 밑줄 친 부분이 문법적으로 맞지 않다면 고치세요.

01   He had his rotten tooth <u>pull</u> out this afternoon.

02   I expect my cousin in America <u>visit</u> my house this summer.

03   He forced citizens <u>do</u> hard work.

04   He made the audience <u>laugh</u> constantly.

05   Eating together makes family unity <u>strongly</u>.

06   Most people get their wisdom teeth <u>remove</u>.

07   This regulation forced many companies <u>change</u> their method.

08   Those rules helped the town <u>keep</u>.

09   A good night's sleep will help your tired eyes <u>working</u> properly again.

10   No one saw her <u>go</u> up to her bedroom.

Actual Test

❖ 빈번하게 쓰이는 의미상의 주어 실전 독해연습

Actual Exercise 1 다음 주어진 문장을 분석하고 해석하세요.

01 She felt her body stiffen.

02 Steve could still see the disappointment burning in his eyes.

03 Do you want me to see you starve?

04 You will have your work evaluated by experienced experts.

05 I saw something approaching me in the water.

06 Our city has only one fire station located downtown.

07 Praise may encourage children to continue an activity.

08 She noticed a group of students gathered in a corner of the school yard.

Actual Exercise 2 다음 주어진 문장을 분석하고 해석하세요.

01 Females find themselves surrounded by relatives.

02 Looking through the camera lens made him detached from the scene.

03 Examine your thoughts, and you will find them wholly occupied with the past or the future.

04 Deforestation left the soil exposed to harsh weather.

deforestation
(n) 삼림 벌채

05 Retails encouraged shoppers to have their purchases gift-wrapped.

gift-warp
(v) 선물포장하다

06 The failure of a single component of your car's engine can force you to call for a tow truck.

tow truck (n) 견인차

07 The growing popularity of MP3 technology has enabled some firms to develop MP3 players to satisfy consumers' desire to store customized music libraries.

08 The youngest concert promoter in Germany had persuaded the Opera House to host a late-night concert of improvised jazz by the American pianist Keith Jarrett.

 Check up

STEP 2 **to부정사에 남아있는 동사적 기능**

❶ **부정표시**: to부정사 바로 앞에 not 이나 never을 붙여 부정을 표시할 수 있다.

- It was important not to hurry.
  서두르지 않는 것이 중요했다.
- Not to make a noise is necessary.
  소음을 내지 않는 것이 필수적이다.

❷ **시제표시**: 시제는 크게 완료형과 기본형으로 나누어진다. 문장의 본동사를 기준으로 동시에
일어난 일이면 기본시제를, 그 이전에 일어난 일이면 완료시제를 쓴다.

기본시제	to 동사원형	본동사를 기준으로 동시에 일어난 일일 때
완료시제	to have p.p.	본동사를 기준으로 그 이전에 일어난 일일 때

예문	준동사의 시제
• He seems <u>to be happy.</u> • He seemed <u>to be happy.</u> • He seems <u>to have been happy.</u> • He seemed <u>to have been happy.</u>	현재 (본동사와 동일) 과거 (본동사와 동일) 과거 (본동사 이전 시제) 대과거 (본동사 이전 시제)

a. 그는 행복한 것처럼 보인다.

b. 그는 행복한 것처럼 보였다.

c. 그는 행복했던 것처럼 보인다.

d. 그는 행복했었던 것처럼 보였다.

❸ **능동 및 수동 표시**

구분	형태	사용
기본수동	to be p.p.	본동사와 시제가 같으면서 수동일 때
완료수동	to have been p.p	본동사보다 한 시제 앞서면서 수동일 때

 Check up

❹ **의미상의 주어**

for 명사	대부분의 경우	possible, impossible, necessary, natural, difficult, hard, easy 등
of 명사	사람의 특징이나 성격을 나타내는 형용사와 함께	wise, honest, polite, foolish, cruel, rude, silly 등

- It was important to study hard.
  열심히 공부하는 것이 중요했다.
- It was important for me to study hard.
  내가 열심히 공부하는 것이 중요했다.

❺ **목적어 및 기타 수반어구**: 동사처럼 목적어나 보어, 전치사구를 달고 올 수 있다.

- To study is necessary.
  공부하는 것은 필수적이다.
- To study hard is necessary.
  열심히 공부하는 것은 필수적이다.
- To study English is necessary.
  영어를 공부하는 것은 필수적이다.

Exercise 1 다음 문장에서 눈에 띄는 to부정사에 남아있는 동사적 기능을 찾고 해석하세요.

01   I learned not to be selfish.

02   He always tried not to be silly.

03   It's very difficult for her not to text him for a moment.

04   They pretended to love the child.

05   She had to be helped by her teacher.

Exercise 1-1 다음 문장에서 눈에 띄는 **to**부정사에 남아있는 동사의 기능을 찾고 해석하세요.

01   It was great for him to date such a pretty girl.

02   He always pretended not to be rich.

03   It was horrible for Min to be sent there.

04   His family seemed to have been happy.

05   They found it difficult to keep a secret.

06   It was wise of them to follow her direction.

Exercise 1-2 다음 문장에서 눈에 띄는 **to**부정사에 남아있는 동사의 기능을 찾고 해석하세요.

01   I want to be left alone.

02   It's almost impossible for us to sit still and do nothing.

03   He may not want to be perceived as weak.

04   He was advised not to accept his request.

05   She tends to be motivated to win.

06   There are many places for me to spend my spare time like theaters, libraries and parks.

Check up

STEP 3 동명사에 남아있는 동사적 기능

❶ 부정표시: 동명사 바로 앞에 not 이나 never을 붙여 부정을 표시할 수 있다.

- Not meeting him before an interview was impossible.
  인터뷰 이전에 그를 만나지 않는 것은 불가능했다.

- Not making a noise is necessary.
  소음을 내지 않는 것이 필수적이다.

❷ 시제표시: 시제는 크게 완료형과 기본형으로 나누어진다. 문장의 본동사를 기준으로 동시에
일어난 일이면 기본시제를 그 이전에 일어난 일이면 완료시제를 쓴다.

기본시제	동사+ing	본동사를 기준으로 동시에 일어난 일일 때
완료시제	having + p.p	본동사를 기준으로 그 이전에 일어난 일일 때

예문		준동사의 시제
a	He denies taking a shower once a week.	현재 (본동사와 동일)
b	He denied taking a shower once a week.	과거 (본동사와 동일)
c	He denies having taken a shower once a week.	과거 (본동사 이전 시제)
d	He denied having taken a shower once a week.	대과거 (본동사 이전 시제)

- a 그는 일주일에 한 번 샤워한다는 것을 부인한다.
- b 그는 일주일에 한 번 샤워한다는 것을 부인했다.
- c 그는 일주일에 한 번 샤워했다는 것을 부인한다.
- d 그는 일주일에 한 번 샤워했었다는 것을 부인했다.

❸ 능동 및 수동 표시

구분	형태	사용
기본수동	being p.p.	본동사와 시제가 같으면서 수동일 때
완료수동	having been p.p.	본동사보다 한 시제 앞서면서 수동일 때

❹ **의미상의 주어:** 동명사의 자체주어는 인칭대명사의 소유격이 원칙이나 목적격으로도 두루 쓰이며, 사람을 제외하고는 그대로 표기한다.

- She is proud of having a smart son.
  그녀는 똑똑한 아들을 뒀다는 것을 자랑스러워한다.
- She is proud of her daughter having a smart son.
  그녀는 그녀의 딸이 똑똑한 아들을 뒀다는 것을 자랑스러워한다.
- He denied taking the bag.
  그는 그 가방을 가져갔다는 것을 부인했다.
- He denied their(them) taking the bag.
  그는 그들이 그 가방을 가져갔다는 것을 부인했다.

❺ **목적어 및 기타 수반어구:** to부정사와 마찬가지로 목적어나 보어 따위가 올 수 있다.

- Sleeping is necessary for survival.
  자는 것은 생존에 필수적이다.
- Talking to someone once doesn't mean falling in love with him or her.
  누군가에게 한 번 말 건다는 것이 그 또는 그녀와 사랑에 빠진다는 것을 의미하지 않는다.

Exercise 1 다음 문장에서 눈에 띄는 동명사에 남아있는 동사적 기능을 찾고 해석하세요.

01 I hate sending my children to church.

02 I hate his sending my children to church.

03 I hate being sent to church.

04 They are afraid of being turned away.

05 Sara admitted having stolen some money from her mother.

06 Upon his mother touching the boy, he fell asleep.

Exercise 1-1 다음 문장에서 눈에 띄는 동명사에 남아있는 동사적 기능을 찾고 해석하세요.

01   I denied her giving me the postcard.

02   The boys object to the wall being painted in park.

03   I feel good with myself for having made such a great decision.

04   I was glad because of the test being over.

05   I am sure of his having been out yesterday.

06   The film has attracted much attention for being based on original attempt.

07   He was furious with repeatedly being asked about his ex-wife.

 Actual Test

❖ 준동사 심화 실전 독해연습

Actual Exercise 1 다음 주어진 문장을 준동사의 남아있는 동사의
기능에 유의하며 해석하세요.

01 Some girls were upset about not being offered sweets.

sweet (n) 사탕

02 Some vegetarians objected to animals being killed.

vegetarian
(n) 채식주의자

03 I remember my mother waking us that night.

04 She had to be helped by volunteers.

05 You have to be equally skilled at both.

06 I tend not to fully believe whatever he says.

07 Any publication less than 125 years old has to be checked
for its copyright status.

publication (n) 출판물
copyright
(n) 판권, 저작권

08 Information has become a recognized entity to be measured,
evaluated, and priced.

entity (n) 독립체

09 The program would be a great opportunity for our students to
have fun and experience something new.

Actual Exercise 2 다음 주어진 문장을 준동사의 남아있는 동사의 기능에 유의하며 해석하세요.

01 Biscotti are said to have been a favorite of Christopher Columbus.

02 Napoleon is known to have lost the battle of Waterloo.

03 A great change seemed to have taken place.

take place
(v) 발생하다, 일어나다

04 He wants to be allowed to make her love him.

05 Selfishness needs to be balanced by some selflessness.

06 The letter advised Adams not to be discouraged if he received early rejections.

rejection (n) 거절

07 A currently popular attitude is to blame technology or technologists for having brought on environmental problems today.

bring on
(v) 야기하다, 초래하다

08 There is an old Japanese legend about a man renowned for his flawless manners visiting a remote village.

flawless (a) 결점 없는

09 Minorities tend not to have much power or status and may even be dismissed as troublemakers, extremists or simply 'weirdos.'

minority (n) 소수 집단
dismiss (v) 일축시키다

 **Check up**

B 준동사 관용표현

STEP 1 to부정사의 관용용표현

❶ in order to부정사 = so as to부정사: ~하기 위하여

- I learned to speak French in order to live in France.
  나는 프랑스에서 살기 위해서 프랑스어를 배웠다.

- She wants to get a driver's license so as to commute by car.
  그녀는 차로 통근하기 위해서 면허를 따길 원한다.

❷ so + 형용사 /부사 + as to부정사: 너무 ~ 해서 그 결과 ~하다.

- I was so late as to miss the show.
  나는 너무 늦어서 그 쇼를 놓쳤다.

- They were so happy as to dance all night long.
  그들은 너무 행복해서 그 결과 밤새 춤을 췄다.

❸ too + 형용사 /부사 + to부정사: 너무 ~ 해서 ~할 수 없다.

- I was too late to make a reservation.
  나는 너무 늦어서 예약을 할 수 없었다.

- This bag is too expensive for me to buy.
  이 가방은 너무 비싸서 나는 살 수 없다.

❹ 형용사 /부사 + enough to부정사: ~할 만큼 충분히 ... 하다.

- I'm generous enough to give strangers money.
  나는 낯선 사람들에게 돈을 줄만큼 충분히 관대하다.

- He is sad enough to cry all day long.
  그는 하루 종일 울만큼 충분히 슬프다.

❺ enough + 명사 + to부정사: ~할 만큼 충분히 ... 한

- I have enough money to pay for this ticket.
  나는 이 표 값을 지불할 만큼 충분한 돈이 있다.

- I don't have enough friends to hang out with.
  나는 함께 어울려 놀 만큼 충분한 친구가 없다.

Exercise 1 다음 to부정사의 관용구에 유의하면서 해석하세요.

01   He is too poor to buy anything.

02   She is tall enough to be a model.

03   We got up early so as to leave early.

04   I was so lucky as to pass the exam.

Exercise 2 다음 주어진 문장에 맞게 영작하세요

01   그녀는 너무 속상해서 가만히 서있을 수 없었다.

→   _____.
      (upset, stand still)

02   나는 너무 아파서 약속을 취소했다.

→   _____.
      (cancel my appointment)

03   나는 그녀를 만나기 위해서 새 옷을 샀다.

→   _____.
      (clothes)

04   그는 자동차를 추월할 정도로 충분히 빠르다.

→   _____.
      (cast behind cars)

 Check up

STEP 2 동명사의 관용표현

❶ **go ~ing**: ~하러 가다
❷ **cannot help ~ing**: ~하지 않을 수 없다
❸ **There is no ~ing**: ~하는 것은 불가능하다
❹ **It is no use ~ing**: ~해도 소용없다
❺ **feel like ~ing**: ~하고 싶다
❻ **far from ~ing**: 결코 ~않다 (=never)
❼ **(Up) on ~ing**: ~하자마자

❽ **in ~ing**: ~할 때, ~하는 데 있어서
❾ **by ~ing**: ~함으로써
❿ **waste/spend 시간/돈 ~ing**: ~하는 데 시간/돈을 낭비하다/소비하다
⓫ **have difficulty (in) ~ing**: ~하는 데 어려움을 겪다
⓬ **be busy ~ing**: ~하느라 바쁘다

❶ We are going to go skiing this winter.
우리는 이번 겨울에 스키 타러 갈 예정이다.

❷ I cannot help thinking of you.
나는 너에 대해서 생각하지 않을 수 없다.

❸ There is no persuading her.
그녀를 설득시키는 것은 불가능하다.

❹ It is no use crying.
울어도 소용없다.

❺ I feel like dancing.
나는 춤추고 싶다.

❻ He is far from being kind to me.
그는 나에게 결코 친절하지 않다.

❼ Upon seeing the teacher, he ran away.
선생님을 보자마자, 그는 도망쳤다.

❽ The guidebook will be helpful in planning a trip.
그 안내 책은 여행을 계획하는데 도움이 될 것이다.

❾ By cooking him dinner, she made him happy.
그에게 저녁을 요리해줌으로써, 그녀는 그를 행복하게 만들었다.

❿ I spent much money collecting jeans.
나는 청바지를 모으는데 많은 돈을 썼다.

⓫ I have difficulty in making a good impression.
나는 좋은 인상을 남기는 데 어려움을 겪는다.

⓬ I'm busy trying to make a reservation.
나는 예약하려고 애쓰느라 바쁘다.

Exercise 1 다음 동명사의 관용구에 유의하면서 해석하세요.

01   My family went fishing last weekend.

02   I cannot help obeying my parents.

03   There is no skipping her meal for her.

04   It is no use begging for your life.

05   I always feel like eating something.

06   He is far from being happy with his girlfriend.

07   You must be careful in crossing the street.

08   (Up)on seeing her teacher, she was trying to hide.

09   I tried to apologize my fault by writing a letter.

10   I wasted all my money (in) buying her a car.

11   They have difficulty (in) cleaning the auditorium.

12   She was busy counseling many clients.

Exercise 2 다음 주어진 문장에 맞게 동명사의 관용표현을 써서 영작하세요.

01   집에 들어오자마자 그는 그녀에게 전화를 했다.

→ _____.

02   나는 친구들과 어울리느라 바쁘다. (play)

→ _____.

03   나는 소개팅을 하고 싶지 않다. (go on a blind date)

→ _____.

04   그 음식을 먹는 것은 불가능하다.

→ _____.

05   나는 그 당시에 자지 않을 수 없었다.

→ _____.

06   나는 Mattew와 쇼핑하러 갔다.

→ _____.

07   그는 결코 잘생기지 않았다.

→ _____.

08   나는 눈물을 흘림으로써 나의 분노를 표현했다. (express my anger)

→ _____.

09   식당을 고르는데 있어 인터넷 검색은 필수이다. (search, essential)

→ _____.

10   울어도 소용없다.

→ _____.

11   그 숙제를 하는데 모든 시간을 다 소비했다.

→ _____.

12   어린 시절, 친구를 사귀는데 어려움을 겪었다. (during)

→ _____.

Exercise 2-1 다음 주어진 문장에 맞게 동명사의 관용표현을 써서 영작하세요

01 컴퓨터를 켜자마자 그녀는 이메일을 썼다. (turn on the computer)
→ _____.

02 나는 매일 일하느라 바쁘다.
→ _____.

03 나는 지금은 그녀를 보고 싶지 않다.
→ _____.

04 여기서 자는 것은 불가능하다.
→ _____.

05 나는 동의하지 않을 수 없었다.
→ _____.

06 나는 어제 Jason과 춤추러 갔다.
→ _____.

07 그는 결코 화나지 않았다.
→ _____.

08 나는 돈을 씀으로써 나의 스트레스를 해소했다. (release stress)
→ _____.

09 거절하는데 있어서 솔직함은 필수이다. (refuse, openness)
→ _____.

10 자는척해도 소용없다. (pretend to)
→ _____.

11 그 게임을 하는데 모든 시간을 다 낭비했다.
→ _____.

12 그녀를 설득하는데 어려움을 겪었다. (persuade)
→ _____.

Actual Test
❖ 준동사 관용표현 실전 독해연습

Actual Exercise 1   다음 문장을 해석하세요.

01   It seemed too intimate a service to offer to a stranger.

02   Railey spent much of her time encouraging young women to study science and math.

03   The bag is strong enough to hold a lot of groceries.

04   He was not alone in describing the depth of despair.

05   I gave him enough money to get a warm meal and shelter for the day.

06   She was growing too big-boned to able to become a professional ballet dancer.

07   Many firms have great difficulty in obtaining technical or scientific books from libraries.

08   Upon hearing the result, Dave went over to Steve and congratulated him, shaking his hand.

09   This is very common when companies are busy listening to the 'voice of the customer'.

Actual Exercise 2 다음 문장을 해석하세요.

01   The hole is too small for the attacker to enter.

attacker (n) 침입자

02   The hydrogen is light enough to escape into space.

hydrogen (n) 수소

03   Each partner has trouble trying to figure out what will please the other.

04   Relaxing the tourists might provide enough benefit to be worth the cost.

05   There is no denying the importance of the future.

06   I was too young to understand my mother's feeling.

07   Science is making the future, and nations are busy making future scientists.

08   By becoming more visible to their employees, business leaders start the process of building trust.

09   Keith really had to play that piano very hard to get enough volume to get to the balconies.

10   They draw too heavily, too quickly, on already overdrawn environmental resource accounts to be affordable far into the future without bankrupting those accounts.

UNIT FIVE

3단계: 절

3단계에 들어가기 전에...

절은 최소 한 개 이상의 문장 구성요소(주어, 목적어 등)와 동사로 구성된 것을 의미합니다.
절이 문장과 다른 점은 예를 들어 3형식의 경우
주어, 동사, 목적어를 다 갖추어야 문장 및 절이라 할 수 있지만

목적어나 주어가 빠진 불완전한 경우에는 문장이라 할 순 없어도 절이라고 할 순 있습니다.
불완전절과 완전절의 개념은 3단계에서 매우 중요하니 꼭 이해하고 넘어가세요.

• She ate. (불완전절)
• She ate a hamburger. (완전절, 문장)

3단계에서는 명사절, 형용사절, 부사절을 배울 건데

특히, **명사절, 형용사절, 부사절을 이끄는 접속사**들에 대해서 중점적으로 공부할 것입니다.

UNIT 5 3단계: 절

☀ Check up

> **STEP 1** **명사절을 이끄는 접속사:** 명사절은 접속사 자체도 해석이 되며, 접속사 뒤에 절이 온다. 명사처럼 주어, 목적어, 보어의 역할을 한다.
>
> ◇ **독해를 위한 명사절 요약**
>
> what, that, who, when,,, + 절 = 명사 → 통째로 주어, 목적어, 보어 자리에 들어감
>
> ❶ **that과 what**: '~라는 것'이라고 해석되며 that 뒤에는 완전, what 뒤에는 불완전한 절이 온다.
>
> - I decided that I would pass the exam. (목적어 역할)
>   나는 내가 그 시험에 통과할 것이라고 결심했다.
>
> - I decided to do what I want. (목적어 역할)
>   나는 내가 원하는 것을 하기로 결심했다.
>
> - That I have such a great ability is unbelievable. (주어 역할)
>   내가 그런 대단한 능력을 가졌다는 것이 믿을 수 없다.
>
> - Our plan is that we invite Tom. (보어 역할)
>   우리의 계획은 우리가 Tom을 초대하는 것이다.
>
> ❷ **if와 whether**: '인지 아닌지'라고 해석되며 둘 다 뒤에 완전한 문장이 온다.
>   if는 '목적어'절에만 쓰인다.
>
> - Nobody knows whether(if) he has power or not.
>   누구도 그가 권력을 가졌는지 아닌지 모른다.
>
> - If he is upset is important to me. (x)
>
> - Whether he is upset is important to me. (o)
>   그가 속상해하는지 아닌지가 나에게 중요하다.

Exercise 1 주어진 두 개의 접속사 중에서 올바른 것을 고르세요.

■ 주어

01   (That / What) he met her made Sandy upset.

02   (That / What) made him sad was her message.

03   (That / Whether) he will be tired or not depends on her decision.

■ 보어

01   Her plan was (that / what) she would throw a party.

02   His recent problem is (that /what) his teacher seems to hate him.

■ 목적어

01   I want (what /that) he will become generous.

02   I told him (what /that) I want from him exactly.

Exercise 1-1 주어진 두 개의 접속사 중에서 올바른 것을 고르세요.

■ 주어

01   (What / That) I still rely on my parents is a shame.

02   (What / Whether) I can do for you is just to keep giving my attention.

■ 보어

01   The chance is (what / that) I have wanted to have for a long time.

02   The serious problem is (what / that) many children are addicted to smart phone game.

■ 목적어

01   She is wondering (whether / that) he sold the house.

02   He told me (that / what) the movie was boring.

 Check up

❸ **의문사절**: 이름에 현혹되지 말고 의문대명사, 의문형용사, 의문부사 모두 명사의 역할을 하는 명사절 접속사라는 것을 기억해서 활용해야 한다.

의문 대명사	의문 형용사	의문 부사
who (누가, 누구를)	whose (누구의)	when (언제)
which (어느 것)	which (어느~)	where (어디)
what (무엇)	what (어떤)	why (왜)
		how (얼마나, 어떻게)

- I wonder who is responsible for the problem.
  나는 누가 그 문제에 책임이 있는지 궁금하다.
- I wonder which part of the movie she likes in the movie.
  나는 어떤 부분을 그녀가 그 영화에서 좋아하는지 궁금하다.
- How many people will gather is our key concern.
  얼마나 많은 사람들이 모이게 될지가 우리의 핵심 관심사이다.
- What color will be painted on the wall depends on his choice. (의문 형용사)
  어떤 색깔이 벽에 칠해지게 될지가 그의 선택에 달려있다.
- What I wanted to eat didn't matter at all. (의문 대명사)
  무엇을 내가 먹기를 원했는지는 전혀 중요하지 않았다.

Exercise 1 주어진 두 개의 접속사 중에서 올바른 것을 고르세요.

■ **주어**

01 (What /When) I met him is important to them.

02 (Why /Which) I met him is important to them.

03 (How /What) long I have met him is important to them.

■ **보어**

01 The point is (how / what) much it will cost.

02 His question was (what / when) Insu had met her.

■ 목적어

01 I told him (whose / how) book this is.

02 My expression showed (that / what) I really want.

Exercise 1-1 주어진 두 개의 접속사 중에서 올바른 것을 고르세요.

■ 주어

01 (What / Who) will become President depends on our choice.

02 (Where / Which) color he chooses can change the rule.

■ 보어

01 The problem is (how / what) he received the invitation.

02 The result depends on (which / why) option they click.

■ 목적어

01 My daughter was wondering (that / why) the sky is blue.

02 I know (what / how) he got interested in math.

Exercise 2 다음 주어진 문장에 맞게 영작하세요.

01 어디서 내가 그를 만났는지가 중요하다 / 그들에게.
→ _____.

02 어떻게 내가 그를 만났는지가 중요하다 / 그들에게.
→ _____.

03 얼마나 자주 내가 그를 만나는지가 중요하다 / 그들에게.
→ _____.

04 진실은 그의 알리바이가 위조된 것이었다는 것이다.   (truth, alibi, faked)
→ _____.

05 그의 알리바이가 위조된 것이었다는 것은 진실이다.
→ _____.

Exercise 2-1 다음 주어진 문장에 맞게 영작하세요.

01 나는 모르겠다 왜 그가 나를 그렇게 신뢰하는 지를.   (trust, so much)

→ _____.

02 사실은 그가 그녀의 제안을 거절했다는 것이다.   (refuse, proposal)

→ _____.

03 나는 그가 곧 행복해지기를 바란다.

→ _____.

04 내가 알기를 원하는 것은 그가 그 일에 적격한지 아닌지이다.   (eligible for)

→ _____.

05 나의 할머니는 정직이 중요하다고 나에게 말씀하셨다. (honesty)

→ _____.

Exercise 3 다음 문장에서 괄호 안에 알맞은 표현을 고르세요.

01 (If / Whether) the information is correct or not is very important.

02 She asked me (which / how) I liked best among them.

03 She asked him (if / that) he would come to her birthday party.

04 She asked me (what / when) World War II broke out in Europe.

05 (How / What) is necessary is your wise decision.

06 I don't know (which / that) I should choose.

07 (How / Whether) my mother will be better or not makes me worried.

08 I believe (what / that) tomorrow will be another day.

09 I wondered (what / how) information you needed.

10 (How / What) you spend your time will be a factor in your happiness.

Exercise 4 다음 빈칸에 적절한 접속사를 적으세요. (여러 개 가능)

01 His plan is _____ makes her marry me.

02 I wish _____he will be happy soon.

03 Linz said _____ listening carefully to others is the way to help ourselves.

04 The situation seemed _____ he had already proposed her.

05 Her biggest concern is _____ her son is a troublemaker.

06 I always keep in mind _____ you advised me to do.

07 I don't know _____ Kim trusted me so much.

08 Linzy wondered _____ he would take her to the party.

09 They asked me _____ design I preferred.

10 My mother told me _____ respecting old people is important.

11 His opinion is _____ everyone in his class should be present at the meeting.

❖ 명사절을 이끄는 접속사 실전 독해연습

Actual Exercise 1 다음 문장에 쓰인 명사절을 확인하고 해석하세요.

01 I wonder how the committee accepted such an absurd proposal.　　absurd (a) 터무니없는

02 She told me what she was planning for her mother's birthday party.

03 What made me mad is his attitude, not his plan itself.

04 Only the doctor knew how sick Beth really was.

05 She understood what the really important things in life were.

06 I asked him how come he had adopted three children.　　adopt
(v) 입양하다, 채택하다

07 That he is in terrible pain proves how much he has loved her.

08 The doctor has to find out why the patient is ill.

09 Some biologists are interested in how different types of animals live.

Actual Test

Actual Exercise 2 다음 문장에 쓰인 명사절을 확인하고 해석하세요.

01 He described precisely where a particular herb could be found.

precisely (ad) 정확히

02 Your focus is on how much more fun you'll be having later.

03 They began to think that they needed a little rest.

04 One difference between winners and losers is how they handle losing.

05 They were surprised at how many friends the quiet boy had made.

06 What I am trying to say is that Brook really likes Jane.

07 All this doesn't explain why you fall in love with a particular person.

08 It didn't take long to find out why Tim was so effective and so well-liked.

effective
(a) 유능한, 효과적인
well-liked (a) 사랑받는

09 Scientists study the natural world to figure out why things happen as they do.

figure out (v) 이해하다
encounter (v) 만나다

10 Even the most normal and competent child encounters what seem like insurmountable problems in living.

insurmountable
(a) 극복할 수 없는

Check up

> **STEP 2** **형용사절을 이끄는 접속사:** 형용사절을 이끄는 접속사는 크게 관계대명사와
> 관계부사로 나뉜다. 명사를 뒤에서 앞으로 꾸민다. 명사절과는 달리 형용사절을
> 이끄는 접속사는 해석하지 않는다.

◇ 독해를 위한 형용사절 요약

who(m), that, which, when,,, + 절 = 형용사 → 통째로 명사를 뒤에서 앞으로 꾸밈

❶ **관계 대명사**: 뒤에 불완전한 절이 온다

꾸며줄 명사	주격	소유격	목적격
사람	who	whose	who(m)
사물, 동물	which	whose of which	which
사람, 사물, 동물	that	x	that

★ 주격 관계대명사 뒤에는 주어가 빠진 절이 온다.
★ 소유격 관계대명사 뒤에는 관사가 빠진 명사로 시작하는 절이 온다.
★ 목적격 관계대명사 뒤에는 목적어가 빠진 절이 온다.

• Above all, I like the book <u>whose cover is colorful</u>.
  무엇보다도, 나는 표지가 다채로운 그 책을 좋아한다.

• She always carries the bag <u>which her boyfriend gave her</u>.
  그녀는 항상 그녀의 남자친구가 그녀에게 준 가방을 가지고 다닌다.

❷ **관계 부사**: 뒤에 완전한 절이 온다

꾸며줄 명사	격은 따로 없음	
장소	where	= at(on, in) which
시간	when	= at(on, in) which
이유	why	= for which
방법	how	= in which

• We arrived at the restaurant <u>where we had made a reservation</u>.
  우리는 우리가 예약했었던 그 식당에 도착했다.

• She recalled the day <u>when her daughter had been born</u>.
  그녀는 그녀의 딸이 태어났었던 날을 회상했다.

• I told him the reason <u>why(that) I was absent from school</u>.
  나는 그에게 내가 학교를 결석한 이유를 말해줬다.

Exercise 1 다음 주어진 문장을 분석하고 해석하세요.

01   Tom is the man who won the first prize in the contest.

02   I know the bookstore which sells books cheaply.

03   I want to read the book which she wrote last year.

04   A rich woman bought the picture that was painted by Picasso.

05   I will help the boy who wants to be a basketball player.

06   Forrest Gump is the movie which I like most.

07   He ate the bread which was on the table.

08   He likes the girl who hates him.

09   I have a good friend whose name is William.

10   Tony is dating a woman whose parents are very rich.

Exercise 1-1   다음 주어진 문장을 분석하고 해석하세요.

01   Jane is the woman whom he fell in love with.

02   I know a girl whose mother is an English teacher.

03   You can't hunt the animals which live in this area.

04   Johnson is the man whom I met last night.

05   Juliet is the girl whom I want to meet.

06   He was repairing the car whose windows were all broken.

07   They visited the house where their mother was born.

08   She found the wedding ring which she had lost two days before.

09   They met an old man whose clothes were dirty.

■ 명사절 접속사와 형용사절 접속사의 비교

하나의 접속사가 명사절과 형용사절 둘 다 이끌 수 있다. ❶차이점은 명사절을 이끄는 접속사는 해석을 하고, 형용사절을 이끄는 접속사는 해석을 안 한다. ❷명사절은 문장에서 주어, 목적어, 보어의 역할을 하고 형용사절은 명사를 꾸며주는 역할을 한다는 점에서 다르다.

- I decided that I would pass the exam. (명사절_목적어 역할)
  나는 내가 그 시험에 통과할 것이라고 결심했다.
- There were some reasons that she didn't want to see him. (형용사절_reason을 꾸밈)
  그녀가 그를 보길 원하지 않는 몇몇의 이유가 있었다.
- I wonder whose camera this is. (명사절_목적어 역할)
  나는 이것이 누구의 카메라인지 궁금하다.
- Above all, I like the book whose cover is colorful. (형용사절_book을 꾸밈)
  무엇보다도, 나는 표지가 다채로운 그 책을 좋아한다.
- Which part of the movie she likes is my question. (명사절_주어 역할)
  그 영화의 어떤 부분을 그녀가 좋아하는지가 나의 질문이다.
- She always carries a bag which her boyfriend gave her. (형용사절_bag을 꾸밈)
  그녀는 항상 그녀의 남자친구가 그녀에게 준 가방을 가지고 다닌다.

■ 접속사의 생략

❶ 명사절 접속사의 생략: 타동사 think, believe, know, hope, say, expect 등의
목적어로 쓰인 that절은 생략할 수 있다.

- She always thinks (that) he is kind.
  그녀는 항상 그가 친절하다고 생각한다.
- They believe (that) Monica will get the prize.
  그들은 Monica가 그 상을 받을 것이라고 믿는다.
- I hope (that) I will be able to meet my family.
  나는 내가 나의 가족을 만날 수 있게 될 것이라고 희망한다.

■ 명사절 접속사와 형용사절 접속사의 비교

Exercise 1   다음 문장에서 밑줄 친 접속사가 명사절과 형용사절 중 어떤 절을 이끄는지 구별하세요.

01   I don't know <u>who</u> will find the treasure.

02   The boy <u>who</u> found the treasure is very young.

03   He asked me <u>which</u> books he could borrow.

04   The book <u>which</u> he wants to borrow is about to be sold.

05   She is wondering <u>where</u> he will show up.

06   The place <u>where</u> he showed up is crowded.

07   He said <u>that</u> he had a lot of money <u>that</u> he didn't want to have.

08   <u>What</u> she wants from me is <u>that</u> I leave her.

09   I know a girl <u>whose</u> hair was red.

10   It's hard to choose <u>whose</u> design is best.

Exercise 2 다음 문장에서 괄호 안에 알맞은 표현을 고르세요.

01 I know (that /who) will give you a hand.

02 She asked me (whom /that) I was looking for.

03 She knows (that /what) her children want for Christmas.

04 Steve (who /whose) father is conservative can't have long hair.

05 (Who /That) will represent us will be determined after the meeting.

06 (If /Whether) he will succeed or not depends on his efforts.

07 (How /What) dolphins communicate has not been discovered.

08 How (do you drive /you drive) your car affects its lifespan.

Exercise 2-1 다음 문장에서 괄호 안에 알맞은 표현을 고르세요.

01 The device affects (what / how) you see everything else.

02 I wasn't telling him (that / what) I needed.

03 A firefighter entered a house (where / which) the kitchen was on fire.

04 She tried to find out (why / who) he was not doing well.

05 The members became too focused on (how / who) is at fault.

06 (What / That) benefits consumers can decrease wage.

07 A mouse went into the kitchen (where / what) the woman was cooking dinner.

08 One thing (what / that) I regret is (what / that) I didn't express my feelings.

5 3단계: 절 **139**

■ 명사절 접속사의 생략

Exercise 1 다음 명사절이 포함된 문장에서 생략된 접속사를 확인하고 해석하세요.

01 I know my mom didn't cook.

02 They hope their children will get high grades in every subject.

03 They say she is generous but ugly.

04 She thought her brother would give her enough money to buy a car.

05 They noticed there was something moving in the dark.

Exercise 1-1 다음 명사절이 포함된 문장에서 생략된 접속사를 확인하고 해석하세요.

01 I hope he will return home safely.

02 She expects someone who is kind will help her.

03 They all know she was lying when she was with them.

04 He promised he would save money for his old age.

05 She thinks he may forget to bring the book.

◆ 형용사 절을 이끄는 접속사의 생략

형용사 역할을 하는 접속사도 생략이 가능할 때가 있습니다. 예문을 먼저 볼까요?

① The girl <u>who</u> I met yesterday is cute.
② The girl <u>who</u> met him yesterday is cute.

두 문장 중에서 생략할 수 있는 관계대명사 who는 누구일까요?

정답은 ①번입니다.

우리는 문장은 주어로 시작하고, 주어 다음에 바로 동사가 나온다는 것을 잘 알죠. 따라서 ①번에서 주어인 The girl 다음에 기다리는 동사가 아닌 명사가 나오므로 잠시 멈춰서 뭔가 생략됐는지 생각해볼 수 있습니다.

하지만 ②번에서 who가 없다면 바로 동사처럼 보이는 met이 나오기 때문에 바로 주어 동사연결해서 '소녀는 그를 만났다~'고 해석을 하다 뒤에 진짜 동사인 is를 발견하곤 무언가 잘못되었다고 느끼면 이미 해석이 이상하겠죠?

Check up

❷ **형용사절 접속사의 생략**: 목적어가 빠진 형용사절을 이끄는 접속사는 생략이 가능하다. (BEST 문법 4참고)

- The man (whom) I gave chocolate yesterday lives in my neighborhood.
  내가 어제 초콜릿을 준 남자는 나의 동네에 산다.
- I went the building (that) he had built for 30 years.
  나는 그가 30년 동안 지었었던 빌딩에 갔다.
- I visited the town (that) she lives in.
  나는 그녀가 사는 마을을 방문했다.

┃ Tip! ┃ **the way를 how가 꾸며줄 때 둘 중 하나를 생략한다.**
- This is the way how she has lived in this country. (x)
- This is the way she has lived in this country. (o)
- This is how she has lived in this country. (o)
  이것이 그녀가 이 국가에서 살아온 방식이다.

Exercise 1 다음 형용사절이 포함된 문장에서 생략된 접속사를 확인하고 해석하세요.

01 It was something he really liked.

02 He has a son he is very proud of.

03 The person you will meet will benefit you.

04 My sister spent all the money I had saved.

05 He has treated every person he encounters with dignity and respect.

06 That was the day we met for the first time.

 Check up

❸ **삽입절:** 절 안에 별도로 '주어 + 동사'가 삽입될 수 있다.

■ **삽입절에 자주 쓰는 동사**

think, believe, know, say, suppose, expect, imagine, be sure 등
- 해석은 주로 '~하기에'로 된다.

- I keep a letter (that <I think> is important.)
  나는 내가 생각하기에 중요한 편지 하나를 보관한다.

Exercise 1 다음 주어진 문장에서 삽입절을 확인하고 해석하세요.

01   I am waiting for the boy who I think is handsome.

02   I wondered how much I should feed the dog which they said eats too much.

03   He fears those who he imagines are above him.

04   I found someone who I was sure would help our company a lot.

05   The plan that she thought was perfect didn't work well.

Exercise 1-1 다음 주어진 문장에서 삽입절을 확인하고 해석하세요.

01   The girl who I think is a student looks young.

02   The dog that they said was mild barks all the time.

03   I refused the part-time job which I believed could make me tired.

04   I met a boy who I knew is a genius.

05   The girl who I thought was pretty had had plastic surgery.

◆ 형용사절을 이끄는 접속사의 두 가지 용법

한정적 용법

지금까지 배운 형용사와 같은 역할, 즉

형용사절 앞에 있는 명사를 꾸며주는 경우입니다.

계속적 용법

우리가 배운 것이 '형용사절을 이끄는 접속사'가 아니겠습니까?

접속이라는 것은 무언가를 이어준다는 것이지요.

따라서 계속적 용법은 형용사의 역할보다는 접속사의 기능이 강화된 것이라고 보면 됩니다.

계속적 용법은 관계사 앞에 comma(,)를 둬서 한정적 용법과 구별을 줍니다. 접속사(and 등)로 연결할 때처럼 해석은 앞에서부터 차례로 합니다.

· He went to borrow the book which his teacher had written. (한정적 용법)

　그는 그의 선생님이 쓴 책을 빌리기 위해 갔다.

· He went to borrow the book, which his teacher had written. (계속적 용법)

　그는 그 책을 빌리러 갔는데, 그것은 그의 선생님이 쓴 것이었다.

· He went for the book which was not in the library. (한정적 용법)

　그는 도서관에 없는 책을 위해 갔다.

· He went for the book, which was not in the library. (계속적 용법)

　그는 그 책을 위해 갔는데, 도서관에 없었다.

Actual Test

❖ 형용사절을 이끄는 접속사 실전 독해연습

Actual Exercise 1 다음 문장에 쓰인 형용사절을 확인하고 해석하세요.

01   The present is the only moment when you can take action.

02   A bat that fails to feed for two nights is likely to die.

03   Participants who complete their hike will receive a medal.

04   We cannot hope to give a simple, universal reason that each and
     every scientist studies the natural world.

> each and every
> 어느~이나

05   People traded crops or objects they had made in exchange for
     the goods they needed.

> in exchange for
> ~에 대한 교환으로

06   A person on my team came to me with a problem she was
     having at work.

07   All the outcomes customers are trying to achieve in one area have
     a negative effect on other outcomes.

08   He formed special bonds with the artists he worked with and
     those relationships helped him capture some of his most vivid
     and iconic imagery.

> iconic (a) 상징적인

Actual Exercise 2 다음 문장에 쓰인 형용사절을 확인하고 해석하세요.

01   Tell him about the things you think you need.

02   You decide to buy things you think she wants.

03 Executives order to make products they believe buyers need.

04 The relationship with a teacher is something a student won't get with a computer.

05 In 1939, The Yearling, which was about a boy and an orphaned baby deer, won the Pulitzer Prize for Fiction.

06 The subjects should not pick the faces he or she thinks are prettiest.

pick (v) 고르다

07 Anything that contributes to stress during mealtime can interfere with the digestion of food.

08 The reason why people start talking about the weather or current events is that they are harmless and common topics to everyone.

09 Teens who do not want to bother other people may think that asking parents or friends for help will burden them with their problems.

독해실력 업데이트

두 개의 형용사절이 하나의 명사를 꾸밀 수 있다? 없다?

있다! 두 개의 형용사절이 나란히 꾸며주는데 **두 번째 형용사절은 접속사를 생략하지 않습니다~!**

You are <u>the only person</u> (① I've ever met) (② <u>who</u> understands me.)
당신은 (①내가 만난), (②나를 이해하는) 유일한 사람이다. (who 꼭 써주기)

I feel sad for <u>the kids</u> (① I see on the street) (② <u>who</u> are living in extreme poverty).
나는 내가 길에서 보고, 극한의 가난 속에서 살아가는 아이들에 대해 슬픔을 느낀다. (who 꼭 써주기)

Actual Test

Actual Exercise 3 다음 문장에 쓰인 형용사절을 확인하고 해석하세요.

01 This is the only travel guidebook I was recommended to read which is really useful.

02 Forgiveness is a gift you give yourself that sets you free.

03 Try to think of a choice you have made that was not in accord.

04 Performance is something you do that brings about an observable change in the external world.

05 Taking risks has its rewards, especially when the risk is trying to do something you really want that can truly make your life better and more meaningful.

take risk
위험을 감수하다

06 There was a time in the United States when people owned slaves.

07 You should listen to those cells in the brain that tell you what you really want.

08 It was described as the mystery herb taken by Soviet athletes that allowed them to win the 1980 Olympics.

09 The company has developed a computer program to study the cause, distribution and controls for malaria that simulates possible treatments and transmission patterns.

Check up

STEP 3 부사절을 이끄는 접속사

시간	이유	목적
when(~할 때), while (~하는 동안), once (일단 ~하면), the moment (~하는 바로 그 순간, ~하자마자), as soon as(~하자마자), before(~전에), after(~후에), since (~이래로), by the time(~할 때까지), every time(할 때마다) 등	because(왜냐하면, ~때문에), as/ since(~므로, ~이여서), now (that)(~이니까), in that(~라는 점에서) 등	so that 조동사(~하기 위해서), lest ~ (should) (~하지 않기 위해서), for fear (that) ~ (should) (~할까 두려워)

결과	조건	양보
so ~that /such ~that (너무~해서 그 결과~하다)	if(만약~한다면), unless(만약 ~않는다면), in case(~한 경우에 대비해서), suppose (that)(만약~한다면), as long as(~하는 한) 등	though /although /even if /even though (비록~라 할지라도), while /whereas(반면에), whether ~or not(~인지 아닌지), no matter +의문사(~일지라도) 등

❶ 시간의 부사절을 이끄는 접속사

- When I found him, I started to shout.
  내가 그를 발견했을 때, 나는 소리치기 시작했다.

- My parents took care of my son while I was on my business trip.
  나는 부모님은 나의 아들을 돌보셨다 /내가 출장 가있는 동안.

- Once you see her, you can't but be fascinated by her charm.
  일단 네가 그녀를 보면, 너는 그녀의 매력에 매혹되지 않을 수 없다.

- The moment I received the test paper, my head went blank.
  나는 시험지를 받자마자, 나의 머리는 하얘졌다.

- As soon as it stops raining, we will leave.
  비가 그치자마자, 우리는 떠날 것이다.

- After the plane circled the airport, it landed on the main runway.
  그 비행기는 공항 주변에 원을 그린 후에, 주 활주로로 착륙했다.

- The children read some stories before they went to bed.
  그 아이들은 몇몇의 이야기를 읽었다 /그들이 자러 가기 전에.

- You will be a totally different person by the time you finish military service.
  너는 완전히 다른 사람이 될 것이다 /네가 군대를 마칠 때까진.

- Every time I visited Korea, I went to N Seoul Tower.
  한국을 방문할 때마다, 나는 N 서울 타워에 갔다.

☀ Check up

❷ 이유의 부사절을 이끄는 접속사

- We could have a good time because we met a fun boy.

  우리는 좋은 시간은 보낼 수 있었다 왜냐하면 우리는 재미난 소년을 만났기 때문에.

- As I am depressed, I don't want to go out.

  나는 우울해서, 외출하길 원하지 않는다.

- Since there was little water, I couldn't take a bath.

  물이 거의 없어서, 나는 목욕할 수 없었다.

- Now (that) you are here, I can't concentrate on my job.

  네가 여기 있으니까, 나는 나의 일에 집중할 수 없다.

- I am different from her in that she is really lazy.

  나는 그녀와 다르다/ 그녀가 정말 게으르다는 점에서.

❸ 목적의 부사절을 이끄는 접속사

- He saves money so that he can buy his own house.

  그는 돈을 저축한다/그 자신의 집을 살 수 있도록.

- He studied hard lest he (should) fail in the exam.

  그는 열심히 공부했다/ 시험에서 떨어지지 않도록.

- He studied hard for fear (that) he (should) fail in the exam.

  그는 열심히 공부했다/ 시험에 떨어질까 두려워.

❹ 결과의 부사절을 이끄는 접속사

- There is so much delicious food that I can't resist overeating.

  너무 맛있는 음식이 있어서 그 결과 나는 과식하는 것을 저항할 수 없다.

- It was such a big dog that I was afraid of it.

  그것은 너무 큰 개여서 그 결과 나는 그것이 두려웠다.

❺ 조건의 부사절을 이끄는 접속사

- If I come back home earlier, I will do it for you.

  만약 내가 집에 일찍 오면, 내가 너를 위해 그것을 할게.

- Unless he hates you, you can ask him for help.

  만약 그가 너를 싫어하지 않는다면, 너는 그에게 도움을 요청할 수 있어.

- As long as you work hard, you will succeed.

  네가 열심히 일하는 한, 너는 부유해질 거야.

 Check up

> **⑥ 양보의 부사절을 이끄는 접속사**
>
> - Although he is very rich, he rarely spends money.
>   그가 매우 부유할지라도, 그는 좀처럼 돈을 쓰지 않는다.
>
> - Even though his plan seems attractive, you should not rely on him.
>   비록 그의 계획이 매력적으로 보이나, 너는 그에게 의존해서는 안 된다.
>
> - While (Whereas) his sister is pretty, he is not handsome.
>   그의 여자형제는 예쁜 반면에 그는 잘생기지 않았다.
>
> - No matter how hard you try, you can never gain her heart.
>   아무리 열심히 노력하든 간에, 너는 결코 그녀의 마음을 얻을 수 없다.

Exercise 1   다음 보기에서 적절한 접속사를 골라 적으세요. (한 번씩 모두 사용)

┃ 보기 ┃　　since, before, when, while, after, as soon as, every time

01   _____ she received the letter, she burst into the tears.

02   He was silent _____ she was crying so hard.

03   _____ he washes his car, it rains the next day.

04   He could go out with friends _____ he finished his homework.

05   It began to get dark _____ they started to work.

06   _____ I found the piggy bank, it was empty.

07   He has never remarried again _____ his wife died.

Exercise 2 다음 보기에서 적절한 접속사를 고르고 해석하세요.

01 (Though / Because) he says to me that he loves me, I know he doesn't love me at all.

02 (Even though / Since) I know he'll never forgive me, I try to avoid meeting him.

03 (Although / Before) I have never been to Japan, I have many Japanese friends.

04 (While / Because) He wants to have a laptop, I will buy one for his birthday present.

05 (When / Even if) I don't pass the exam, my parents will give me a Christmas present.

06 She didn't open the door, (although /because) there stood a stranger.

07 (As / Although) she had plastic surgery, nobody thinks it made her better.

Exercise 2-1 다음 보기에서 적절한 접속사를 고르고 해석하세요.

01 (If / Though) you get all A+, I'll buy you a smart phone.

02 (Before / As long as) you live in the countryside, you will hardly get a good job.

03 Vicky was listening to music (unless / when) her cell phone rang.

04 (Although / As long as) you keep wearing the ring, no guys will approach you.

05 (If / While) he wants to contact you, he will ask me your number.

06 (While / as long as) I was staying in France, I learned French.

❖ **부사절 접속사 실전 문제**

Actual Exercise 1 다음 문장에 쓰인 부사절을 확인하고 해석하세요.

01 No matter how hard I tried, I couldn't seem to meet my goal.

02 Amy was trying so hard not to laugh that tears started to roll down her cheeks.

03 Once a thing becomes a habit, you hardly think about it anymore.

04 While the eye sees at the surface, the ear tends to penetrate below the surface.

penetrate
(v) 관통하다

05 Other books were so dry and boring that many students fell behind from lack of interest.

fall behind
(v) 뒤쳐지다

06 Everyone looked at how the man held his chopsticks, so that they could imitate him.

07 This is different from all other markets in that people do not buy things here such as clothes, shoes, or cars.

08 While dad is keeping the eggs secure and warm, mom begins to carry mud from the creek bank back to the nest to close in the opening of the nest.

creek bank
(n) 하구둑

09 The New Babylonians recorded their observations so meticulously that they later could be used and supplemented by astronomers of other civilizations.

meticulously
(ad) 꼼꼼하게
supplement
(v) 보충하다

10 The idea is to break down the barriers between adolescent life and adult life, so that young people can ease into a world of responsibility.

responsibility
(n) 책임감

Actual Test

Actual Exercise 2 다음 문장에 쓰인 부사절을 확인하고 해석하세요.

01 Though exam results are important for your future, they are not everything.

02 Once we know the worst, we can face the problem directly and work out more sensibly what to do.

sensibly
(ad) 현명하게

03 There are so many drivers that the traffic slows to a crawl.

crawl (n) 기어가는 것

04 Workers were so much more efficient that Ford's production costs were lower despite higher wages.

05 While it was a challenge for Corinne, she made the effort to make eye contact with her audience.

06 He will make all fifteen phone calls, no matter how late he has to stay at work to do so.

07 We take this ability so much for granted that we seldom wonder about what it is.

for granted 당연시 여기는
seldom (ad) 좀처럼 ~않는

08 No matter how appealing the taste, an unattractive appearance is hard to overlook.

overlook (v) 넘어가주다

09 While Joan was looking for a tablecloth, Kate was wandering around the room looking at the pictures on the walls.

wander (v) 배회하다

10 No matter how many times the master played a piece to show how it should sound, his student failed to make any significant progress.

significant (a) 상당한

11 The sense of sight is so highly developed in humans that messages received from other senses are often ignored if they conflict with what is seen.

the sense of sight (n) 시각

독해실력 업데이트

■ 쓰임이 다양한 부사절 접속사 as

❶ (just) as ~, so~: 마치 ~하듯이 그렇게 ~하다
❷ 양태 접속사 as: ~처럼
❸ 비례의 접속사 as: ~함에 따라서
❹ 이유의 접속사 as: ~때문에
❺ 시간의 접속사 as: ~할 때

★ 전치사 as: ~로써

Actual Exercise 3 다음 문장에 쓰인 접속사 as를 확인하고 해석하세요.

01 The sun is slowly getting brighter as its core contracts and heats up.

core (n) 핵

02 As they thought about little Beth lying sick in her bed, each of the girls felt bad.

03 As he worked with the unruly elephants, he developed a deep connection with them.

unruly (a) 제멋대로인

04 As he draws out the last two eggs, he notices four more in their place.

draw out (v) 꺼내다

05 As communities became larger, some people had time to reflect and debate.

06 As he passed the crew of slaves, he asked several of them what their offenses were.

crew (n) 선원

07 As he was painting an upstairs bedroom, the young boy watched him curiously for a while.

Actual Test

08 The man grew increasingly excited as he recalled the joy and pride and sense of belonging.

sense of belonging
소속감

09 The train arrived at my destination ten minutes early, which was perfect, as I was due to present my new idea to the company at 10 a.m.

10 Just as faster music causes people to eat faster, so it causes people to drive at faster speeds.

Actual Exercise 4 다음 문장에 접속사 as를 확인하고 해석하세요.

01 As I walked to the train station, I felt the warm sun on my back.

02 You'll see her pleasure as she experiments with whatever she discovers around her.

03 I tried to reconstruct in my mind a map of the floor of the cavern as I had last seen it.

cavern (n) 동굴

04 She's having fun as she finds a hiding place behind a curtain.

05 The answer may lie in her neural learning as she repeatedly watched those frightening scenes.

06 Work is a burden people must bear out of necessity, even as they long for weekends and holidays.

07 Every person we meet has a story that can, in some way, inform us and help us as we live the story of our own lives.

08 In the beginning, each additional car does not slow the traffic down, as there is enough room on the road for the additional drivers.

additional (a) 추가된
room (n) 공간

▌접속사 종합문제

Exercise 1 다음 문장에서 밑줄 친 접속사가 어떤 종류의 접속사인지 구별하세요.

01   <u>What</u> I need right now is his money.

02   I told him <u>that</u> I had loved him.

03   <u>If</u> I were you, I would take the money.

04   I accepted an offer <u>which</u> he had proposed to me.

05   I don't believe <u>what</u> he said.

06   I was young <u>when</u> the war broke out.

07   The little girl cries <u>every time</u> she meets her uncle.

08   It is said <u>that</u> he is handsome.

09   I gave her the skirt <u>that</u> I had bought yesterday.

10   The dog <u>which</u> had often been seen in this neighborhood died.

11   I don't understand <u>why</u> he acted like that.

Exercise 2 다음 문장에서 괄호 안에 알맞은 표현을 고르세요.

01   (How /What) we walk is closely related to the health of our feet.

02   The latest book (that /what) he wrote is popular with women.

03   I asked her (why /that) she didn't keep her promise.

04   I think (that /what) his songs are very poetic.

05   You should consider (that /whether) you are good at science.

06   (How /What) makes you tired is your selfishness.

07   I don't know (how /which) long she will stay in Chicago.

08   Children (what /who) like fast food are likely to be overweight.

Exercise 3 다음 문장에서 어떤 접속사가 쓰였는지 확인하고 해석하세요.

01 We all know that children learn from adults.

02 There are many things in life that we don't understand.

03 The teacher noticed a girl whose name was Mindy.

04 Nobody predicts when something will go wrong.

05 He opened stores where poor people can buy goods.

06 He entered an area in which success is not guaranteed.

07 Whether the cup is half empty or half full depends on your point of view.

08 You are envious of people who seem never to get sick.

09 Once the factor causing stress disappears, the stress hormones quiet down.

10 She forgot which year she was born in.

11 She was so shy that she had no friends.

12 She has told many stories, which she claims are her own adventures.

Exercise 3-1 다음 문장에서 어떤 접속사가 쓰였는지 확인하고 해석하세요.

01   Even though Minsu is good-looking, he isn't that smart.

02   Though he loves his son very much, he rarely expresses his feelings.

03   That children get a good education is important.

04   John told me where we could find it.

05   By the time I leave this city, I will have been here for four months.

06   Every time he gets angry, his nose gets red.

07   She wanted to remember his appearance so that she could tell the other
       girls about it later.

08   Once she arrives, we can start anytime.

09   I don't know what I should do.

10   Can you tell me where you bought your books?

Exercise 3-2 다음 문장에서 어떤 접속사가 쓰였는지 확인하고 해석하세요.

01 When I was young, I had a hard time to make friends.

02 The next time I go to New York, I'm going to see a ballet.

03 After Mrs. White started looking after him, he got better slowly but surely.

04 Although they had had little money, the children had spent it all.

05 Laura received a note which made her very happy.

06 We forgot when the movie started.

07 We found out what her favorite instrument was.

08 It surprises me that he is here.

09 While I was slicing the bread, I cut my finger.

10 I'll stay here until I finish the work.

11 As we got closer to downtown, the bus became more crowded.

Exercise 3-3 다음 문장에서 어떤 접속사가 쓰였는지 확인하고 해석하세요.

01   Whenever his name was mentioned, she turned red.

02   What I am trying to say is that it seems that Brooke likes Amy.

03   The problem for Susan was that she didn't buy her sister's birthday present.

04   As soon as they woke up, they promised each other that they wouldn't
       tell the secret.

05   Cathy looked at the pretty earrings that her mother had worn when she was young.

06   My son had an old shirt that he was very attached to.

07   While I was cooking, my son was next to me.

08   The restaurant where I had met him for the first time was closed.

09   Now that you are a student, you should respect the school rules.

10   She went over to the scene where the murder had taken place.

11   You can wear your ring so that you will remember to do your best.

Actual Test

❖ 접속사 종합 실전 독해연습

Actual Exercise 1 다음 문장에 쓰인 접속사에 유의하며 해석하세요.

01 What impressed me most was that he loved what he was doing.

02 There are some people who believe that no one should be trusted.

03 They focus on how well the worker carries out specific tasks.

specific (a) 구체적인

04 Doing what seems rational can result in a negative outcome.

rational (a) 이성적인

05 We are trying to figure out what our conscience ought to be saying to us.

conscience (n) 양심

06 Stereotypes should never influence how we deal with or treat others.

stereotype (n) 고정관념

07 In the past, employees did exactly what they were instructed to do.

instruct (v) 지시하다

08 The reason that you failed to study was that you had to take your roommate to the hospital.

09 People who make changes do not question whether change is possible or look for reasons that they cannot change.

10 We are deciding what we value, and how we will embody our values in the material world.

embody (v) 구체화하다

Actual Exercise 2 다음 문장에 쓰인 접속사에 유의하며 해석하세요.

01 Remember that life is a game where there are multiple winners.

multiple (a) 다수의

02 I have always taught my children that politeness, learning, and order are good things.

order (n) 질서

03 Every victory one person makes can be a breakthrough for all.

breakthrough (n) 돌파구

04 He has to write an essay on whether or not the death penalty should be abolished.

05 People who say they know where everything is turn out to be actually using a large amount of their mental capacity.

turn out (v) 판명되다

06 Habitat diversity refers to the variety of places where life exists.

variety (n) 다양성

07 Each habitat is the home of numerous species, most of which depend on that habitat.

08 The researcher asked each one in turn which line was the longest.

in turn 차례로

09 Someone who just heard a piece of bad news often tends initially to deny what happened.

10 They represent what we have seen, who we have loved, and where we hope to go next.

11 If they received directions that they knew would produce a low-quality product, they carried them out anyway.

Actual Test

Actual Exercise 3 다음 문장에 쓰인 접속사에 유의하며 해석하세요.

01 You see the world as one big contest, where everyone is competing against everybody else.

02 Measures that protect drivers from the consequences of bad driving encourage bad driving.

measure (n) 조치

03 Those who donate to charities may seek evidence about what the charity is doing and whether it is really having a positive impact.

charity (n) 자선단체

04 What was great to see there was that most of the students barely took 20 minutes to finish their lunch.

barely 거의~않는

05 A colleague once remarked that they thought this was why I was so successful in gaining the trust and confidence of such difficult patients.

06 This method is used worldwide to check if medicines, blood donations, and medical supplies are clean and safe.

07 The researchers compared lists of goals that subjects had set for themselves against what they had actually accomplished.

subject (n) 실험 대상자

08   There's plenty of research that shows that people who work with the muscles above their neck create all kinds of stresses for themselves.

09   Over the past 60 years, as mechanical processes have replicated behaviors and talents we thought were unique to humans, we've had to change our minds about what sets us apart.

replicate (v) 복제하다
set apart
~와 다르게 만들다

10   What we will eat has little to do with logic and has everything to do with what we believe is food.

have little to do with
~와 관련이 거의 없다
have to do with
~와 관련이 있다

11   The successful management of that relationship depends crucially on how much they know about one another.

one another
서로서로

12   Although people who belong to the same age group differ in many other ways, they do tend to share a set of values and common cultural experiences that they carry throughout life.

시험과 독해를 위한 BEST문법 6

◆ 동격

간단히 말해서 **동격**은 문장에 등장하는 **명사**에 대한 **추가설명**입니다.

추가설명을 해줄 명사와 <u>동등한 자격</u>을 가지고 있기 때문에 명사 파트에서 배우는 것입니다.

Goree는 Gorin에게 편지를 쓴다.

To Gorin
Gorin~ 나 어제 Tom을 만났는데,

이 상황에서 Gorin이 Tom을 기억 못할 거라고 생각되는 경우

Gorin~ 나 어제 Tom, 나보단 못하지만 꽤 잘생긴 옆집 사는 남자, 를 만났는데….

Tom = 나보단 못하지만 꽤 잘생긴 옆집 사는 남자

물론 한국어는 이런 식으로 표현하지 않지만,

영어에선 글을 쓸 때 이런 식으로 자주 동격을 많이 이용합니다.

동격은 명사에만 사용되는데 단어, 구, 절 각각을 이용해서 동격을 쓸 수가 있습니다.

위에 예로 든 것은 수식어를 모두 빼면 '남자'만 남으니, **'단어'**에 해당됩니다.

이제 본격적으로 배워보도록 하죠!

1 단어(명사)로 동격표시하기

동격을 표시할 명사 바로 뒤에 쉼표로 구별을 주고, 쉼표 다음에 보충설명해줄 단어를 삽입합니다.

- Terry, a cook, is very well-known.
  요리사인 Terry는 매우 유명하다.
- She, a beautiful girl, doesn't have a good personality. (O)
  아름다운 소녀인 그녀는 좋은 성격을 가지고 있지 않다.
- A beautiful girl, she, doesn't have a good personality. (X)
  (※ 명사와 대명사는 동격이 불가능하지만 대명사와 명사는 동격이 가능하다.)

2 구로 동격 표시하기

'구'로 동격을 표시하는 방법은 **to부정사**와 **of~ing**가 있습니다.

A to부정사 동격

의지가 포함된 명사 다음에 to부정사 동격

➡ ability, attempt, decision, desire, effort, plan, program, resolution, talent, reason, resolution, wish 등

- His ability to make others help each other led our team to win the prize.
  다른 사람들이 서로를 돕게 만드는 그의 능력은 우리의 팀이 상을 타도록 이끌었다.
- The reason to test him was that they had wanted to know his suitability for the project.
  그를 시험하는 이유는 그들이 그 프로젝트에 대한 그의 적합성을 알기를 원했기 때문이다.

B of 동명사 동격

단순한 사고나 판단 등의 명사 다음에 of + 동명사

➡ idea, hope, job, means, function, trouble, danger 등

- I have an idea of spending summer vacation efficiently.
  나는 여름휴가를 효과적으로 보내는 것에 대한 생각을 가지고 있다.
- He barely managed to avoid danger of being killed.
  그는 죽임을 당하는 것에 대한 위험을 가까스로 피하지 못했다.

C to부정사와 of + 동명사 둘 다 동격이 가능한 경우

➡ chance, aim, freedom, way, intention, necessity, responsibility, right, honor, tendency, intention 등

- I will fight for their freedom to work at the place which they want.
  = I will fight for their freedom of working at the place which they want.
  나는 그들이 원하는 곳에서 일할 자유를 위해 싸울 것이다.
- He suddenly recognized the responsibility to support his family.
  = He suddenly recognized the responsibility of supporting his family.
  그는 갑자기 그의 가족을 부양해야 한다는 책임감을 인지했다.

FAQ 형용사랑 동격은 뭐가 다른가요?

A: 형용사는 명사를 꾸며주는 것이지만 동격은 명사와 동일시되는 것입니다.

따라서, 동격은 품사로 따지면 같은 **명사**가 되는 것 입니다.

3 절로 동격표시하기

ability /attempt를 제외한 대부분의 명사 다음에 that 완전절로 동격 표시가 가능합니다.

that절 뒤에 완전절이 나오면 명사절이라고 배웠던 것이 기억나시나요?

그렇다면 that절이 동격으로 쓰이는 것이 문법적으로 왜 맞는지 아시겠죠?

- He failed to understand the reason that people laughed.

  그는 사람들이 웃은 이유를 이해하지 못했다.

- The news that he committed a crime was a shock to his family.

  그가 범죄를 저질렀다는 소식은 그의 가족에게 충격이었다.

Actual Exercise 1 다음 문장에서 동격을 유의하면 해석하세요.

01 Tom, one of my best friends, were born in April 4th, 1985.

02 There is no need to make the final decision today.

03 Surprisingly, she didn't have any objections to make to the proposal.

04 Some had made a special effort to smile and maintain eye contact.

05 These selected works will change the way you look at design.

06 The satirist finds in them sufficient flaws to make them the objects of derision.

satirist (n) 풍자가
derision (n) 조롱

07 You have to challenge the conventional ways of doing things and search for opportunities to innovate.

conventional
(a) 기존의, 구식의
innovate (v) 혁신하다

08 Apocalypse Now, a film produced and directed by Francis Ford Coppola, gained widespread popularity, and for good reason.

09 Last year, I had a great opportunity to do this performance with the staff responsible for putting art events at the theater.

10 A new study by Harvard researchers may provide a compelling reason to remove canned soup and juice from your dining table.

compelling
(a) 설득력 있는

11 He was the son of a wealthy man who could give him the advantages of a broad education, the opportunity to see the greatest exponents of theatre art at home and abroad.

exponent
(n) 대표적 인물, 설명자

12 Egypt has also reacted coolly to suggestions that European troops be stationed on the border between Gaza and Egypt to monitor activity in smugglers' tunnels.

station (v) 주둔시키다
smuggler (n) 밀수업자

6

A 분사구문
B 가정법

UNIT SIX

3단계: 절 심화학습

분사구문과 가정법은 둘 다 부사절의 응용버전이라고 보면 됩니다.

분사구문은 부사절을 줄여서 사용하는 것이고,
가정법은 다양한 말하는 방법들 중 가정을 함으로써 말의 설득력을 높여주는 방법입니다.

☀ Check up

A 분사구문

◾ 부사절을 간단히 한 것을 분사구문이라 한다.

부사절에서 접속사와 주어를 생략하고 동사에 ing를 붙여 분사를 만든다.

★ 보통 연결이 유연한 시간, 조건, 이유의 부사절을 많이 분사구문으로 쓴다.

STEP 1 분사구문 만들기

❶ 분사구문 만드는 과정

- 부사절의 접속사를 생략할 수 있다. (접속사의 의미를 분명히 하고자 하는 경우는 생략 안함)
- 주절의 주어와 부사절의 주어가 같으면 부사절의 주어를 생략한다.
- 남은 동사에 ing를 붙여 분사로 만든다.

- When I saw him, I started to shout.

  → Seeing him, I started to shout.
- The moment Sophie received the test paper, her head went blank.

  → Sophie receiving the test paper, her head went blank.

❷ 분사구문 만들 때 주의사항

■ 부정어는 분사 앞에 놓는다.

- Not living with my mother, I had to learn to cook.

  어머니와 살지 않기 때문에, 나는 요리하는 방법을 배워야 했다.
- Not having met her before, I didn't recognize her.

  이전에 그녀를 만난 적이 없기 때문에, 나는 그녀를 몰라봤다.

■ 만드는 과정에서 생긴 being 또는 having been은 생략이 가능하다.

- (Having been) born in a poor family, he wasn't educated at school.

  가난한 가정에서 태어났기 때문에, 그는 학교에서 교육받지 못했다.
- My brother (being) sleeping in his room, we were having a party.

  나의 남자형제가 그의 방에서 자고 있는 동안, 우리는 파티를 하고 있었다.

Exercise 1 다음 주어진 문장을 접속사를 생략한 분사구문으로 만드세요.

01 When I took a bus, he called me.

→ _____ .

02 While I was talking with a stranger, my brother was crying.

→ _____ .

03 She made me a cake, and she asked me if it was delicious.

→ _____ .

04 As he had dyed his hair, I could recognize him easily.

→ _____ .

05 Because I wasn't there, I can hardly imagine how severely they fought.

→ _____ .

06 Since she had thrown a party in her own house, she had to have a hard time
    to clean up.

→ _____ .

07   As I didn't want to join them, I made an excuse.

→ _____ .

Exercise 2 다음 분사구문이 포함된 문장을 해석하세요.

01   Having nothing in common, they are not that close.

02   They discussing the problem, she was sleeping.

03   Having joined the club for 10 years, I hesitated to withdraw from it.

04   Having a younger sister, I would pass my clothes on to her.

05   Coming across my teacher, I couldn't speak a single word.

06   She being upset, I tried to soothe her.

07   I distributing flyers in the street, he pretended not to know me.

Exercise 2-1 다음 분사구문이 포함된 문장을 해석하세요.

01   Looking at the team, she found members waving and smiling.

02   My mom was sleeping in the couch, we cleaning the house.

03   Thinking it was weird, she went into the yard.

04   Injured severely in the accident, he went to the hospital.

05   Feeling exhausted, I chose to stay home.

06   The others were happy thinking that they were working hard.

07   She approached a boy, giving him a letter.

STEP 2   with 분사구문

분사구문이 이유(~때문에)나 동시동작(~하면서)의 뜻일 때, 분사의 의미상의 주어 앞에 with를 붙인다. 이때 의미상의 주어와 분사의 관계가 능동이면 현재분사를, 수동이면 과거분사를 쓴다.

- With his ears covered, I called his names.
  그의 귀를 막은 채로, 나는 그를 욕했다.
- With his eyes open, he was sleeping.
  눈을 뜬 채로, 그는 자고 있었다.
- Don't skate with your hands in your pockets.
  스케이트 타지 마라, 너의 손을 주머니에 넣은 채로.

Exercise 1   다음 빈칸을 주어진 한글해석에 맞게 with를 이용하여 영작하세요.

01 She sat on the chair_____.
   다리를 꼰 채로 (cross)

02 He was thinking about his girlfriend_____.
   눈을 감은 채로 (close)

03 Ann tried to talk to me_____.
   입에 가득 채운 채로 (full)

04 She stood_____.
   팔짱을 낀 채로 (fold)

05 He fell asleep_____.
   TV를 켠 채로 (turn on)

Exercise 1-1   다음 빈칸을 주어진 한글해석에 맞게 with를 이용하여 영작하세요.

01 He was delivering a speech_____.
   눈물이 그의 뺨을 흐르면서 (run down)

02 She was dozing off_____.
   책들을 머리 위에 올린 채로

03 They smiled_____.
   그들의 손을 맞잡은 채로 (hold together)

04 I had the exam_____.
   핸드폰이 켜진 채로

❖ 분사구문 실전 독해연습

Actual Exercise 1 다음 주어진 문장을 분사구문을 유의하며 해석하세요.

01   Taking a deep breath, he picked up his board and ran into the water.

02   After a brief skills test, participants will be trained based on their levels.

03   She arose, never minding the bits of straw that clung to her hair.

       straw (n) 지푸라기, 짚
       cling to (v) 매달리다

04   They enjoyed playing soccer with the sun setting in the background.

       set (v) (해가) 지다

05   Henri Matisse started to paint late, having trained to be a lawyer to please his father.

       please (v) 기쁘게 하다

06   Ehret traveled around Europe, largely on foot, observing plants and developing his artistic skills.

07   Converted to the Baptist faith while a young man, he began to preach.

       convert (v) 개종하다
       preach (v) 전도, 설교하다

08   Not following Cassady's advice, he became discouraged, put his materials away, and decided to forget cartooning as a career.

09   Watching her friend struggle to stay interested, Laurie decided she needed some cheering up.

10   A typical village is about nine hundred feet in diameter, with the houses arranged along the circular boundary.

       typical (a) 일반적인
       diameter (n) 직경, 지름

Actual Test

Actual Exercise 2 다음 주어진 문장을 분사구문을 유의하며 해석하세요.

01 Taking power at age 40, Aurelius voluntarily divided rule with his brother Lucius Verus.

02 With her rain-drenched hair clinging to her face, Juleah glanced at Judith Dirk.

drench (v) 흠뻑 적시다

03 Being well adapted to dry climates, Dorcas gazelles produce very concentrated urine during dry weather.

concentrate
(v) 농축시키다, 집중하다
urine (n) 오줌

04 The principal was energetically addressing the students, talking of the challenges and thrills of high school life.

address (v) 연설하다

05 After graduating from university, Rawlings worked as a journalist while simultaneously trying to establish herself as a fiction writer.

simultaneously
(v) 동시에

06 With increasing numbers of old people who are willing and able to work now marginalized in our society, the issue of mandatory retirement has been increasingly discussed.

marginalize
(v) 하찮게 여기다
mandatory (a) 의무의

07 Sitting in a meeting, you will see that some people are taking care of work that is unrelated to the current meeting.

08 The rule sounded sensible and quickly caught on, with over a hundred other local councils following it within a few years.

catch on (v) 인기를 얻다

09 Most amphibians are relatively easy to handle in a sampling for experiments, although some may be toxic and should only be handled wearing gloves, with hands kept away from eyes and mouth and carefully washed after touching the animals.

amphibian (n) 양서류

Check up

B 가정법: 사실과는 반대이거나 비현실적인 일, 단순 상상이나, 소망 같은 것들을 가정하여 말하는 방법을 가정법이라고 한다.

STEP 1   가정법 과거와 과거완료

❶ 가정법 과거: 현재사실과는 다른 일을 가정해보고자 할 때 사용한다.

  ■ **If 주어 + 동사의 과거형 (were), 주어 + 조동사의 과거형 + 동사원형:**
    만약~라면, …일 텐데

  • If I were a tree, I would give you a place to rest.
    내가 만약 나무라면, 나는 너에게 쉴 장소를 줄 텐데.

  • If I had a car, I would drive every night.
    만약 내가 차가 있다면, 매일 밤 드라이브할 텐데.

❷ 가정법 과거완료: 과거에 일어나지 않았던 일을 가정해보고자 할 때 사용한다.

  ■ **If 주어 + had p.p., 주어 + 조동사의 과거형 + have p.p. :**
    만약~였더라면, …였을 텐데

  • If I had passed the exam, I would have been happy.
    만약 내가 시험에 통과했었더라면, 나는 행복했을 거야.

  • If I had not been sick, I could have taken the test.
    만약 내가 아프지 않았더라면, 나는 시험을 치를 수 있었을 텐데.

6

Exercise 1 주어진 내용을 참고로 해서 동사를 알맞은 형태로 바꾸세요.

01   If you_____me some money, I could take a bus. (lend)
       I want you to lend me some money now.

02   If you_____me some money, I could have taken a bus. (lend)
       But you didn't, so I had to find another way to go back home.

03   If I_____handsome, she would have accepted my proposal. (be)
       But I wasn't, so she rejected my proposal.

04   If I_____handsome, she would accept my proposal. (be)
       I want to be handsome.

05   If I_____my job, I could start a business. (quit)
       I want to run my own business.

06   If Suzy_____the meeting important, she would have been present. (think)
       But she didn't, so she was absent.

Exercise 1-1 주어진 내용을 참고로 해서 동사를 알맞은 형태로 바꾸세요.

01   If I_____you, I would have waited for you. (like)
       As I didn't like you, I didn't wait for you.

02   If she hadn't lied to him, he_____. (die)
       As she lied to him, he didn't die.

03   If I _____her boyfriend, I would spend a lot of money for her. (be)
       As I'm not her boyfriend, I don't spend a lot of money for her.

04   If I had a car, I_____her to school. (drive)
       As I don't have a car, I don't drive her to school.

05   If she_____in this neighborhood, I would visit her every day. (live)
       As she doesn't live in this neighborhood, I don't visit her every day.

06   If we_____by taxi, we would have saved time. (go)
       As we didn't go by taxi, we didn't save time.

Check up

STEP 2 혼합 가정법

❶ **혼합 가정법**: 과거의 사실이 현재까지 영향을 미치고 있는 경우에 사용한다.

■ **If 주어 + had p.p., 주어 + 조동사의 과거형 + 동사원형: 만약~였더라면, …일 텐데**

• If I had passed the exam, I would be happy (now).
만약 내가 시험에 통과했더라면, 나는 (지금) 행복할 텐데.

• If I had bought a car, I could take her home every night until now.
만약 내가 차를 샀더라면, 나는 지금까지 매일 밤 그녀를 데려다줄 수 있을 텐데.

Exercise 1 주어진 내용을 참고로 해서 동사를 알맞은 형태로 바꾸세요.

01   If I_____to save money, I wouldn't have a hard time now. (start)
Because I didn't save money, I have had a hard time until now.

02   If you_____some money, I wouldn't hate you now. (lend)
Because you didn't lend me some money before, I have hated you until now.

■ **가정법 종합**

Exercise 2 주어진 틀에 벗어나지 않는 선에서 자유롭게 영작하세요.

01   만약 당신이 로또에 당첨된다면,_____일 텐데.
→ _____.

02   만약 당신이 로또에 당첨되었더라면, 지금(까지)_____할 텐데.
→ _____.

03   만약 당신이 그(그녀)를 만나지 않았었더라면, _____을 텐데.
→ _____.

04   만약 당신이 그(그녀)를 만나지 않았었더라면, 지금(까지)_____할 텐데.
→ _____.

05   If you had not put his name on the death note,_____했었을 텐데.
→ _____.

06   If she had taken the mystery pill,_____했었을 텐데.
→ _____.

STEP 3 여러 가지 가정법

❶ I wish 가정법

I wish (that) 주어 + 동사의 과거형	~라면 좋을 텐데 (현재의 바람)
I wish (that) 주어 + had p.p.	~이었다면 좋을 텐데 (과거의 바람)

- I wish (that) I had a boyfriend.
  나는 남자친구가 있으면 좋을 텐데.
- I wish (that) I had had a boyfriend before graduation.
  나는 졸업 전에 남자친구가 있었더라면 좋을 텐데.

❷ as if (though) 가정법

as if (though) 주어 + 동사의 과거형	마치 ~처럼 (현재)
as if (though) 주어 + had p.p.	마치 ~였던 것처럼 (과거)

- He looks as if he were upset.
  그는 속상한 것처럼 보인다.
- He looks as if he had been upset.
  그는 속상했던 것처럼 보인다.

❸ without /but for 가정법

Without /But for~, 주어 + 조동사의 과거형+ 동사원형	~이 없다면 (현재)
Without /But for~, 주어 + 조동사의 과거형+ have p.p.	~이 없었더라면 (과거)

- Without your help, I could not get better.
  너의 도움이 없다면, 나는 나아질 수 없다.
- Without this elevator, we might climb up all the steps.
  엘리베이터가 없다면, 우리는 모든 계단을 올라야 할지도 모른다.
- But for water, we couldn't survive.
  물이 없다면, 우리는 살아남지 못할 것이다.
- But for water, we couldn't have survived.
  물이 없었다면, 우리는 살아남지 못했을 것이다.

Check up

> **STEP 4** **If의 생략과 도치:**
>
> If절에서 were, should, had가 있는 경우 if를 생략하고 도치시킬 수 있다.
>
> ★ 도치시키는 것보다, 도치된 문장인지를 알아보는 것이 더 중요!
> - If I were a tree, I would give you a place to rest.
>   → Were I a tree, I would give you a place to rest.
>   만약 내가 나무라면, 나는 너에게 쉴 장소를 줄 텐데.
> - If I had passed the exam, I would have been happy.
>   → Had I passed the exam, I would have been happy.
>   만약 내가 시험에 통과했더라면, 나는 행복했을 텐데.

▌ **여러 가지 가정법**

Exercise 1 다음 주어진 문장의 괄호 안에서 알맞은 것을 고르세요.

01   I wish I (were / am) God.

02   I wish I (met / had met) the women then.

03   The foreigner speaks fluently as if he (is / were) Korean.

04   He speaks as if he (had read / read) the novel from cover to cover now.

05   She looks as if she (had been / were) upset now.

06   Without his money, I (could not / didn't) buy such an expensive car forever.

07   But for his money, I (couldn't buy / could not have bought) the house at that time.

08   I wish I (had / had had) a mustache, because I like a girl, who says she likes
     a man with a mustache.

09   I wish I (didn't steal / hadn't stolen) the money. I have been in prison for 3 years.

Exercise 2 다음 주어진 단어를 활용하여 영작하세요.

01   그는 그녀가 그에게 무언가를 말해주길 바란다. (wish)

→ _____.

02   그는 그녀가 무언가를 그에게 말해줬길 바란다. (wish)

→ _____.

03   그녀는 마치 아프지 않은 것처럼 행동하려고 노력한다. (try to act)

→ _____.

04   그는 마치 아프지 않았던 것처럼 행동했다. (act)

→ _____.

05   그녀는 마치 그녀의 마음이 깨진 것처럼 울기 시작했다. (break)

→ _____.

Exercise 3 주어진 틀에서 벗어나지 않는 선에서 자유롭게 영작하세요.

01   나는_____바란다.

→ _____.

02   나는_____ 바랐다.

→ _____.

03   나는 마치_____인 것처럼_____한다.

→ _____.

04   나는 마치_____였던 것처럼_____다.

→ _____.

05   ____없다면,_____. (현재)

→ _____.

06   ___없었더라면,_____. (과거)

→ _____.

❖ 가정법 실전 독해연습

Actual Exercise 1 다음 주어진 문장을 분석하고 해석하세요.

01   She put flour on his head to make him look as if he had grey hair.

02   Physicians must no longer act as if all infants were insensitive to pain.

insensitive (a) 무감각한

03   We plan our vacations, sometimes as if they were the only part of life worth really living.

04   If the ships had not been burned, the Cortes forces would have had an alternative.

alternative (n) 대안책

05   Our species would not have survived if most of us had not developed a taste for work.

06   The Depression might have ended sooner if policymakers had used the right tools from the outset or acted more quickly.

The Depression (n) 대공황
outset (n) 착수

07   Had it not been for that quick addition of liquidity, the aftermath could have been far worse.

liquidity (n) 액체
aftermath (n) 여파

08   That would have been an acceptable place for him to be if he had still been a producer.

09   Everyone was staring at her as if she were a monster.

10   He didn't turn, and he strode on as if he had heard nothing.

stride on (v) 성큼성큼 걷다

Actual Test

Actual Exercise 2 주어진 문장을 분석하고 해석하세요.

01 I felt like the box had been locked in a safe.

02 That day was unusually foggy as if something mysterious were ahead.

03 Without her, he might have dropped out of school.

04 We anticipate the future as if we found it too slow in coming.

05 It is best to treat the problem as if you have never seen anything like it before.

06 It would not have spread so far and so quickly if our fire fighters had been able to arrive at the scene in time.

07 There is no indication that she would have accepted such a position had it been offered.

indication (n) 조짐, 표시

08 If this spot is white or greenish, your watermelon may have been picked too soon and might not be as ripe as it should be.

ripe (a) 익은

09 If only he had managed to walk to the village, he would have been rescued.

manage to
(v) 가까스로 ~하다

10 She had an accent sounding as if she had just learned how to speak.

7

A 원급 비교
B 비교급
C 최상급

UNIT SEVEN

비교

비교는 둘 이상의 사물을 견주어 공통점이나 차이점을 따지는 것입니다.

형용사와 부사와 관련이 있어 비교 문장에서는 필요에 따라
형용사나 부사의 형태가 바뀌게 됩니다.

UNIT 7 비교

Check up

- 둘 이상의 사물의 성질을 비교할 때 형용사나 부사의 형태가 변화하는 것을 말한다. 비교의 종류에는 원급, 비교급, 최상급이 있다.

A 원급 비교

- 원급 비교란 동등한 것을 비교하는 것을 말한다.

STEP 1 **원급 비교:** as~as 사이에 이어지는 구성요소의 기본 형태가 온다.

❶ 원급 비교

as ~ as	~만큼 ~하다
not so(as) ~ as	~만큼 ~하지 못하다

- She is as pretty as I am.
  그녀는 나만큼 예쁘다.
- She is not as pretty as I am.
  그녀는 나만큼 예쁘지 않다.

Exercise 1 다음 주어진 문장을 해석하세요.

01   She worked as hard as I did.

02   He is not so tall as I am.

03   He has just as good a hobby as I have.

04   He likes you as much as she (likes you).

05   He likes you as much as (he likes) her.

 Check up

❷ 배수 비교

배수사 + as ~ as	~보다 ...배 ~한
배수사 + the 명사 + of	
배수사 + 비교급 + than (3배수 이상에 사용)	

배수사	half / twice , three times, four times…

- His salary is twice as high as hers.
  그의 봉급은 그녀의 것보다 두 배 높다.
- She paid twice the price of the room charge.
  그녀는 그 방의 두 배의 가격을 지불했다.
- His room is three times larger than my room.
  그의 방은 나의 방보다 세 배 넓다.

Exercise 1 다음 주어진 문장을 해석하세요.

01 He has twice as much money as you.

02 Tom paid twice the price of the meal.

03 The river is three times longer than the Han River.

STEP 2 원급으로 최상급 표현

❶ **as ~ as one can**: 가능한 한 ~하게 (= as ~ as possible)
- I ran as fast as I could.
= I ran as fast as possible.
  나는 가능한 빠르게 달렸다.

❷ **as ~ as ever 동사**: 지금까지 ~한 어느 누구 못지않게 ~한
- He is as happy a man as ever lived.
  그는 여태 살았던 사람 못지않게 행복하다.

❸ **as ~ as any 명사**: 어떤 ~에 못지않게
- She is as kind as any men in the world.
  그녀는 세상 누구에 못지않게 착하다.

❹ **as ~ as can be**: 극도로 ~한
- He is as upset as can be.
  그는 극도로 속상하다.

Exercise 1   다음 주어진 문장을 해석하세요.

01   I ran as fast as I could.

02   I ran as fast as possible.

03   He is as great a musician as ever lived.

04   Susan is as beautiful as any in the world.

05   Tom is as happy as can be.

Check up

STEP 3 원급비교 관용표현

❶ **as ~ as before**	여전히
❷ **not so much A as B**	A라기보다는 B이다 (= not A so much as B)
❸ **cannot so much as**	조차도 (= cannot even) 못한다
❹ **as many as**	무려~나 되는 (수)
❺ **as much as**	무려~나 되는 (양)
❻ **as early as**	일찍이
❼ **as late as last night**	바로 어젯밤에
❽ **as good as**	~나 다름없는 (= no /little better than)

❶ My grandfather can't hear as well as before.

　나의 할아버지께서는 여전히 잘 듣지 못하신다.

❷ He is not so much stingy as frugal.

　그는 인색하다기 보단 검소하다.

❸ She can't so much as remember her own birthday.

　그녀는 그녀 자신의 생일조차도 기억하지 못한다.

❹ He has as many as ten cats.

　그는 무려 열 마리나 되는 고양이를 가지고 있다.

❺ He wanted to shout as much as he was satisfied.

　그는 그가 만족할 만큼 소리치길 원했다.

❻ I left for Busan as early as April.

　나는 일찍이 4월에 부산으로 떠났다.

❼ I told him the truth as late as last night.

　나는 그에게 바로 어젯밤에 진실을 이야기했다.

❽ The enemy is as good as dead.

　그 적군은 죽은 거나 다름없다.

Exercise 1 다음 주어진 문장을 해석하세요.

01   He is as kind as before.

02   He is not so much a singer as a novelist.

03   He cannot so much as remember his own birthday.

04   He has as many as four cars.

05   He has as much as four million dollars.

06   He graduated from college as early as 1990.

07   I met him as late as last night.

08   Their company is as good as broke.

 Check up

B 비교급

STEP 1 비교급과 최상급 만들기

	형용사/부사	비교급	최상급
1음절 단어: -er, -est, 1음절이면서 -e로 끝나는 단 어: -r, -st	smart	smarter	smartest
	young	younger	youngest
	wise	wiser	wisest
<단모음+자음>로 끝나는 단어: 자음을 한 번 더 쓰고 -er, -est	big	bigger	biggest
	sad	sadder	saddest
	hot	hotter	hottest
<자음+y>로 끝나는 단어: -y → -ier, iest	pretty	prettier	prettiest
	happy	happier	happiest
3음절 이상이거나 -ful, -ous, -ing 등으로 끝나는 단어: 앞에 more, most를 붙인다	careful	more careful	most careful
	famous	more famous	most famous
	surprising	more surprising	most surprising

■ 불규칙변화

good /well	better	더 좋은	best	최고의
ill /bad	worse	더 나쁜	worst	최악의
many /much	more	더	most	가장, 최대의
little	less	덜	least	가장 적은, 최소의
old	older	더 나이 많은, 오래된	oldest	가장 오래된
	elder	더 나이 많은	eldest	가장 나이가 많은
late	later	더 늦은	latest	가장 최신의
	latter	후자의	last	마지막의
far	further	정도 상 더 먼	furthest	가장 먼 (정도)
	farther	거리 상 더 먼	farthest	가장 먼 (거리)

Exercise 1 다음 주어진 단어의 비교급과 최상급을 만드세요.

01 smart   → _____   _____

02 hot   → _____   _____

03 pretty   → _____   _____

04 famous   → _____   _____

05 beautiful → _____   _____

Exercise 1-1 다음 주어진 단어의 비교급과 최상급을 만드세요.

01 big   → _____   _____

02 short   → _____   _____

03 early   → _____   _____

04 humorous   → _____   _____

05 useful   → _____   _____

Exercise 1-2 다음 주어진 단어의 비교급과 최상급을 만드세요.

01 far (거리가 먼)   → _____   _____

02 good   → _____   _____

03 bad / ill   → _____   _____

04 many / much   → _____   _____

05 little   → _____   _____

Check up

STEP 2 비교급

비교급 ~ than	~ 보다 더 ~ 한

- She is prettier than Mina.
  그녀는 미나보다 더 예쁘다.

- She is more beautiful than Mina.
  그녀는 미나보다 더 아름답다.

■ 비교급 주의사항

❶ 비교급 강조의 수식어

┃보기┃ **much, still, far, by far, a lot, even 등**

- She is <u>much</u> prettier than Mina.
  그녀는 미나보다 훨씬 더 예쁘다.

- She is <u>still</u> more beautiful than Mina.
  그녀는 미나보다 훨씬 아름답다.

❷ 라틴어 비교급 형용사는 앞에 **more**를 쓰지 못하며, **than** 대신 **to**를 쓴다.

┃보기┃ **superior, inferior, major, prior, preferable 등**

- His ability is superior to his brother's.
  그의 능력은 그의 남자형제보다 우수하다.

- The constitution is prior to all other laws.
  헌법은 다른 모든 법들에 앞선다.

Exercise 1 다음 주어진 문장을 해석하세요.

01 He worked much harder than I did.

02 She received more fan letters than she expected.

03 This machine is much superior to that one.

 **Check up**

> **STEP 3** 비교급으로 최상급 표현
>
> **❶ 비교급 + than any other + 단수명사**
> - Paul is more handsome than any other man in the world.
>   Paul은 세상에서 어떤 다른 남자보다 더 잘생겼다.
>
> **❷ 비교급 + than all the other + 복수명사**
> - She is more intelligent than all the other students in her class.
>   그녀는 그녀의 학급에서 다른 모든 학생들보다 더 똑똑하다.
>
> **❸ 비교급 + than anyone else**
> - He is taller than anyone else in his class.
>   그는 그의 학급에서 어떤 다른 누구보다 더 키가 크다.
>
> **❹ No (other) 단수명사 + 동사 + 비교급 + than + 주어**
> - No building in Korea is taller than 63 building.
>   한국에 있는 어떤 빌딩도 63빌딩보다 높지 않다.

Exercise 1 다음 주어진 문장을 해석하세요.

01   Betty had better marks than any other student.

02   Paul is cleverer than all the other students in his class.

03   John is taller than anyone else in his class.

04   No (other) mountain in the world is more beautiful than Mt. Hala.

 Check up

STEP 4 비교급 관용구 1

A is no more B than C is D	C가 D가 아닌 것처럼 A도 B가 아니다. (= A is not B any more than C is D)
no more than	겨우 (= only)

- Tom is no more kind than his brother is.
  그의 남자형제가 그렇지 않은 것처럼 Tom도 친절하지 않다.
- A whale is no more a fish than a horse is.
  말이 그렇지 않은 것처럼 고래도 생선이 아니다.
- He is no more than a puppet.
  그는 고작 꼭두각시일 뿐이다.

A is no less B than C is D	C가 D인 것처럼 A와 B도 그렇다.
no less than	~만큼이나 (= as much as)

- Fruit is no less good for health than nuts are good for brain.
  견과류가 두뇌에 좋은 것처럼 과일은 건강에 좋다.
- Fruit is good for health no less than nuts.
  과일은 견과류만큼이나 건강에 좋다.
- The house is worth no less than $50,000.
  그 집은 5만 달러만큼의 가치가 있다.

not more ~ than	~보다 ~더 않다
not more than	많아야 (= at most)

- She is not more honest than you are.
  그녀는 너보다 더 정직하지 않다.
- She has not more than 5 dollars.
  그녀는 많아야 5달러 가지고 있다.

☀ Check up

not less ~ than	~에 못지않게 ~하다
not less than	적어도 (= at least)

- She is not less beautiful than Kim tae-hee.
  = She is probably more beautiful than Kim tae-hee.
  그녀는 김태희 못지않게 아름답다.
- She has not less than 10000 won.
  = She has at least 10000 won.
  그녀는 적어도 10000원은 갖고 있다.

no /little better than	~와 다름없는 (= as good as)

- He is no better than Casanova.
  그는 카사노바와 다름없다.
- I am little better than a beggar.
  나는 거지나 다름없다.

no more /longer	더 이상 ~아니다 (= not ~ anymore /longer)

- I study English no more.
  나는 더 이상 영어를 공부하지 않는다.
- I hate him no longer.
  나는 더 이상 그를 싫어하지 않는다.

know better than to V	~할 만큼 어리석지 않다 (= be wise enough not to V)

- I know better than to take a taxi during rush hour.
  나는 붐비는 시간대에 택시를 탈만큼 어리석지 않다.
- I know better than to sleep until noon.
  나는 정오까지 잘 만큼 어리석지 않다.

Exercise 1 보기의 해석을 참고하여 주어진 예문을 해석하세요.

> · Jack is **no more** negative **than** his father is.
> → 그의 아버지가 그렇지 않은 것처럼 Jack도 부정적이지 않다.
> · She is **no more than** a fraud.
> → 그녀는 고작 사기꾼일 뿐이다.

01 He is no taller than she is.

02 Peter is no hungrier than John is.

03 I am no more than 175 centimeters tall.

04 Bob is no more active than his brother is.

05 Jane is no more Chinese than the singer PSY is Japanese.

06 She is no more than a kid.

Exercise 1-1 보기의 해석을 참고하여 주어진 예문을 해석하세요.

> · She is **no less** kind to her neighbors **than** he is kind to his classmates.
> → 그가 그의 학급친구들에게 친절한 것처럼 그녀는 그녀의 이웃들에게 친절하다.
> · The car is worth **no less than** 3000 dollars.
> → 그 차는 3천 달러만큼의 가치가 있다.

01 That watch is no less expensive than a car is.

02 My bicycle is no less fast than the subway is.

03 My test scores are high no less than his.

04 A kitty is no less cute than a puppy is cute.

05 A kitty is cute no less than a puppy.

06 Kate is no less pretty than Kelly.

Exercise 1-2 보기의 해석을 참고하여 주어진 예문을 해석하세요.

> · She is **not** pretti**er than** his sister.
>   → 그녀는 그의 여동생보다 예쁘지 않다.
> · John is **not more than** 2 meters tall.
>   → John은 키가 커봐야 2미터이다.

01   The pillar is not thicker than that tree.

02   That glass is not more than half full.

03   Tom is not more diligent than his sister is.

04   She is not more than twenty years old.

Exercise 1-3 보기의 해석을 참고하여 주어진 예문을 해석하세요.

> · Paul is **no less** smart **than** the genius.
>   → Paul은 그 천재 못지않게 똑똑하다.
> · He gave her **not less than** 50 dollars.
>   → 그는 그녀에게 적어도 50달러는 건넸다.

01   That dog is not less noisy than the concert hall.

02   You must be careful not less than 2 weeks.

03   Andrew is not less strong than a wrestler.

04   She has to stay home not less than for three days.

Exercise 1-4 보기의 해석을 참고하여 주어진 예문을 해석하세요.

· Yesterday was **no better than** a nightmare.
→ 어제는 악몽과 다름없었다.

01   That flower's smell is no better than a sewer.

02   The library is little better than a zoo.

03   She is no better than a fraud.

04   He is little better than a thief.

Exercise 1-5 보기의 해석을 참고하여 주어진 예문을 해석하세요.

· I eat meat **no more(no longer)**.
→ 나는 더 이상 고기를 먹지 않는다.

01   I go swimming no longer.

02   Bob will do his homework no longer.

03   I go to church no more.

04   I love her no longer.

Exercise 1-6 보기의 해석을 참고하여 주어진 예문을 해석하세요.

· Tina **knows better than to** lie to her mother.
→ Tina는 자기 엄마에게 거짓말을 할 만큼 어리석지 않다.

01   I know better than to sleep during class.

02   He knows better than to go out after dark.

03   I know better than to say such a thing.

04   She knows better than to lose her cell phone.

☀ Check up

STEP 5 비교급 관용구 2

the + 비교급~, the + 비교급	~하면 할수록, 더 ~한

- The harder I work, the happier I become.
  내가 더 일을 하면 할 수록, 나는 더 행복해진다.
- The older he gets, the wiser he is.
  그가 더 나이가 들면 들수록, 그는 더 현명해진다.
- The more we have, the more we want to have.
  우리가 더 많이 가지면 가질수록, 우리는 더 가지길 원한다.
- The harder you work, the more you earn.
  네가 일을 더 열심히 할수록, 너는 더 많이 번다.

비교급 + and + 비교급 /more and more + 원급	점점 더 ~한

- As she grew older, she became more and more beautiful.
  그녀는 나이가 듦에 따라, 점점 더 아름다워졌다.
- He studied less and less and his grades became worse and worse.
  그는 점점 덜 공부했고 그의 성적은 점점 악화됐다.

Exercise 1 다음 주어진 문장을 해석하세요.

01 The sharper a knife is, the better it will cut.

02 The more I know him, the more I like him.

03 The more I think, the less I understand.

04 The more one has, the selfish one will be.

05 The bigger the house is, the more expensive it is.

06 The harder you study, the more you understand.

07 It's getting warmer and warmer as time goes on.

08 He studied more and more, and his grades became better and better.

❖ 비교급 관용표현 실전 독해연습

Actual Exercise 1 다음 주어진 문장을 해석하세요.

01   You are not a fool any more than she is.

02   The more I know him, the more I like him.

03   A whale is no more a fish than a horse is.

04   He is no less guilty than you are.

05   He is not more diligent than you are.

06   Light is not less necessary than fresh air is to health.

07   He is no better than a beggar.

08   The weather is getting colder and colder.

09   They should know better than to criticize her.

10   Great men can no more be made without trials than bricks can
       be made without fire.

11   She is no more his girlfriend than he is her boyfriend.

12   George is no more diligent than his sister.

13   Julie is no less beautiful than her mom.

14   I hope he will enjoy it as much as I did.

15   John is smart no less than Sean.

16   His opinion was not less than I expected.

Actual Test

Actual Exercise 2 다음 주어진 문장을 해석하세요.

01 I know better than to trust him again.

02 The amount was not more than 1000 dollars.

03 Her debt is not less than 5000 dollars.

04 The harder you work, the more you get.

05 I don't want to meet them anymore.

06 Now is as good a time as any.

07 At least the worst is over with.

08 This is no more than his supposition.

09 The more you have, the more you want.

10 He can bear no longer.

11 He no more teaches philosophy at the university.

12 I cannot stand anymore.

13 She is as good as she used to be.

14 He is no more than a liar.

15 A hammer is not less dangerous than a knife.

 Check up

C 최상급

STEP 1 최상급

❶ the 최상급 + of (all) 복수명사
❷ the 최상급 + 명사 + in 장소
❸ the 최상급 + 명사 + (that) ~ ever /can
❹ the 서수 + 최상급 + in 장소
❺ one of the 최상급 + 복수명사 + in 장소

- Linda is the most beautiful of all the girls.
  Linda는 모든 소녀들 중에서 가장 아름답다.

- She is the most beautiful girl in the world.
  그녀는 세상에서 가장 아름다운 소녀이다.

- She is the most beautiful girl (that) I have ever seen.
  그녀는 내가 봤던 가장 아름다운 소녀이다.

- July is the second most beautiful.
  July는 두번째로 가장 아름다운 소녀이다.

- He is one of the most famous artists of the 20th century.
  그는 20세기의 가장 유명한 예술가들 중 하나이다.

- She is one of the youngest professors at the university.
  그녀는 대학에서 가장 어린 교수들 중 하나이다.

Exercise 1 다음 주어진 문장을 해석하세요.

01   He is the most handsome of all the boys.

02   Madrid is the largest city in the world.

03   He is the most handsome boy that I have ever seen.

04   Barcelona is the second largest city in Spain.

05   He is one of the bravest men in the city.

06   The lake is the deepest in Korea.

07   He who laughs last, laughs best.

08   He is my best friend.

 Check up

STEP 2 최상급 관용구

not in the least	전혀 ~ 아니다 (= not at all, never)
at least	적어도 (= not less than)
at most	많아야 (= not more than)
at best	기껏해야 (= not better than)

- She looked not in the least tired.
  그녀는 전혀 피곤해 보이지 않았다.
- He is 30 years old, at least. He looks old.
  그는 적어도 서른이다. 그는 나이 들어 보인다.
- He is 30 years old, at most. He looks young.
  그는 많아야 서른이다. 그는 어려 보인다.
- He is an average student at best.
  그는 기껏해야 평범한 학생이다.

Exercise 1 다음 주어진 문장에서 최상급 관용구를 유의하며 해석하세요.

01 She is not in the least sad.

02 He is 23 years old, at most.

03 The meal isn't good, but at least it is cheap.

04 The solution may be only temporary at best.

Exercise 2 다음 주어진 관용구를 비교급 같은 표현으로 바꾸세요.

01   at best   →   _____

02   at least   →   _____

03   at most   →   _____

Actual Test

❖ 비교 실전 독해연습

Actual Exercise 1 다음 주어진 문장을 분석하고 해석하세요.

01 The sales of Fairtrade in 2015 were twice as high as those in 2010.

02 He had tried more than ten times to stand up but never managed it.

03 Heritage is as much about forgetting as remembering the past.

heritage (n) 유산

04 He felt he just wasn't as good as he used to be.

05 He wanted to be remembered at his best.

06 This is a much more challenging task than studying snails or sound waves.

07 The more an event is socially shared, the more it will be fixed in people's minds.

08 Subscription prices are typically at least 50 percent less than the price of buying single issues.

subscription (n) 구독
single (a) 단 하나의

09 The more she told me about her life, the more I understood her and her views.

10 They enjoy nothing better than a good joke.

11 Among the four types of ethical produce, the sales of Organic ranked the highest in 2010 but ranked the second highest in 2015.

Actual Exercise 2 다음 주어진 문장에 사용된 비교관련 관용구를 유의하며 해석하세요.

01 The further off this solid obstacle, the longer time will elapse for the return of the echo.

elapse
(v) 걸리다, 경과하다

02 The more complex the train of thought we've involved in, the greater the impairment the distractions cause.

the train of 일련의
impairment (n) 장애
distraction (n) 주의산만

03 I wanted to get as far from the house as possible in the shortest possible time.

04 It's no more likely for me to leave my house without checking if the door is locked than it is for me to leave without my clothes on.

05 Plants must make the most of what warmth there is.

06 Great men can no more be made without trials than bricks can be made without fire.

07 The larger the hole, the longer it takes to fill it.

08 The more balls you try to juggle, the more likely you are to drop one.

09 Mr. Gibbs seems to need Alida as much as she needs him.

10 The more perfect we find each other, the longer our love will last.

last (v) 지속되다

11 The more frequently these bacteria get new resources, the more acid they produce.

8

UNIT EIGHT

특수 구문

8 특수 구문

☀ Check up

A 강조

STEP 1 **강조 구문:** It is (was)와 that(which/ who(m)) 사이에 주어, 목적어, 부사구 중 강조하고 싶은 것을 넣어 강조구문을 만들 수 있다.

- Nancy met Tom at the restaurant yesterday. (본문장)
  Nancy는 어제 식당에서 Tom을 만났다.

❶ 주어 강조

- It was Nancy that met Tom at the restaurant yesterday.
  어제 식당에서 Tom을 만난 것은 바로 Nancy였다.

❷ 목적어 강조

- It was Tom that Nancy met at the restaurant yesterday.
  어제 식당에서 Nancy가 만난 것은 바로 Tom이었다.

❸ 부사구 강조

- It was at the restaurant that Nancy met Tom yesterday. (장소 강조)
  Nancy가 어제 Tom을 만난 것은 바로 그 식당에서이다.
- It was yesterday that Nancy met Tom at the restaurant. (날짜 강조)
  Nancy가 그 식당에서 Tom을 만난 것은 바로 어제이다.

★ 동사를 강조하고 싶은 경우: do/does/did + 동사원형

- She loves you.
  그녀는 너를 사랑해.
- She does <u>love</u> you.
  그녀는 너를 정말 사랑해.

Exercise 1 다음 문장에서 어떤 요소가 강조된 건지 찾고 해석하세요.

01 It was him that I met.

02 It was her brother that I had hated for a long time.

03 It was at the restaurant that I saw him.

04 It was Minji that told me the truth.

Exercise 2 다음 주어진 문장이 강조구문인지 진주어가주어 구문인지 구별하고 해석하세요.

01 It was surprising that she ignored the orders.

02 It was my car that was towed at the park.

03 It is you that always help me a lot.

04 It was a sad story that made me cry.

05 It is a secret that we dump trash every day.

❖ 강조 구문 실전 독해연습

Actual Exercise 1 다음 주어진 문장을 강조구문에 유의하며 해석하세요.

01 It is the presence of the enemy that gives meaning and justification to war.

presence (n) 존재

02 It is your sense of pleasure that you are trying to please.

sense of pleasure 쾌락

03 It is the case that children who do well on IQ tests will be good at learning everything.

be good at ~를 잘하다

04 It was only in 1928, when he went to Paris, that he established himself as an independent fashion and portrait photographer.

05 It was not until the turn of the last century that motion pictures began to exert their influence on mass culture as we know it today.

motion picture 영화

06 It was Goodall who observed the first evidence of chimps' ability to make tools when this was still considered a uniquely human capacity.

uniquely (ad) 유일하게

Check up

B 병렬

문장에서 접속사(and, but 등)를 이용하여 단어와 단어, 구와 구, 절과 절을 늘어놓을 수 있는데 문법적인 성질이 맞아야 한다.

STEP 1 등위접속사에 의한 병치

❶ **명사에 의한 병치**

- Amy is a teacher, an artist and she sings. (x)
- Amy is a teacher, an artist and a singer. (o)

  Amy는 선생님이며, 예술가이며, 가수이다.

❷ **형용사에 의한 병치**

- Amy is pretty, smart and she has a lot of money. (x)
- Amy is pretty, smart and rich. (o)

  Amy는 예쁘면서, 똑똑하고, 부유하다.

❸ **부사에 의한 병치**

- She accepted the proposal well and happy. (x)
- She accepted the proposal well and happily. (o)

  그녀는 그 제안을 잘, 그리고 행복하게 받아들였다.

❹ **동사에 의한 병치**

- Bob likes playing the piano, but hating playing the guitar. (x)
- Bob likes playing the piano, but hates playing the guitar. (o)

  Bob은 피아노를 연주하는 것을 좋아하지만 기타를 연주하는 것은 싫어한다.

❺ **부정사에 의한 병치**

- To learn and practicing is both important to improve your ability. (x)
- To learn and to practice is both important to improve your ability. (o)

  배우고 연습하는 것은 둘 다 너의 능력을 향상시키기 위해 중요하다.

  ■ **to 부정사가 병치될 때 뒤의 to는 생략할 수 있다.**

- He expected to see her, (to) talk to her, and (to) spend time with her.

  그는 그녀를 보고, 그녀와 대화하고, 그녀와 함께 시간을 보내기를 기대했다.

 Check up

---

❻ 동명사에 의한 병치
- He is interested in learning foreign languages and to meet people around the world. (x)
- He is interested in learning foreign languages and meeting people around the world. (o)
  그는 외국어를 배우고 전 세계 사람들을 만나는데 흥미가 있다.

❼ 분사에 의한 병치
- Annoyed and as she was bothered, she yelled out of blue. (x)
- Annoyed and bothered, she yelled out of blue. (o)
  짜증나고 방해받은, 그녀는 갑자기 소리쳤다.

❽ 절에 의한 병치
- I watched a movie with exciting story and which kept me guessing. (x)
- I watched a movie which had an exciting story and which kept me guessing. (o)
  나는 흥분되는 이야기를 가지고 계속 나를 궁금하게 하는 영화 하나를 봤다.

Exercise 1 다음 주어진 문장의 병렬구조를 파악하고 해석하세요.

01 Mike is a politician, a businessman and a teacher.

02 She is tall, beautiful, and passionate.

03 The work was skillfully and successfully done.

04 He has several part-time jobs and does his own housework.

05 To take care of and to feed the baby is quite difficult.

06 He is interested in reading comic books and drawing cartoons.

07 Surprised and embarrassed, she burst into tears.

08 She likes a detective novel which has exciting stories, and which keeps her guessing.

 Check up

---

STEP 2 상관접속사에 의한 병치

❶ **not A But B에 의한 병치 (A가 아니라 B이다)**
  • She is not pretty but cute.
  그녀는 예쁜 것이 아니라 귀엽다.

❷ **both A and B에 의한 병치 (A와 B 둘 다)**
  • He always tries to spend time both caring his family and earning money.
  그는 항상 그의 가족을 돌보고 돈을 버는 데 시간을 쓰려고 노력한다.

❸ **not only A but also B에 의한 병치 (A뿐 아니라 B도)**
  • Not only was she sad, but she was also angry.
  그녀는 슬펐을 뿐 아니라, 또한 배고팠다.

❹ **either A or B에 의한 병치 (둘 중 하나)**
  • They will buy either a cake or a bottle of wine.
  그들은 케이크나 와인 한 병을 살 것이다.

❺ **neither A nor B에 의한 병치 (둘 다 아님)**
  • Neither Bill nor Ken is coming to the party.
  Bill이나 Ken 둘 다 파티에 오지 않을 것이다.

Exercise 1   다음 문장에서 틀린 부분을 고치고 해석하세요.

01   Shakespeare was not a musician but wrote plays.

02   He must be both a scientist and artistic.

03   Peter has not only a great interest but also respectful for the old artist.

04   Either David will obey the manager or gets fired.

05   He said that she was neither pretty or charming.

❖ 병렬 실전 독해연습

Actual Exercise 1 다음 주어진 문장을 병렬구조에 유의하며 해석하세요.

01 He fathered the plan that shook the French economy out of its stalemate and propelled it into the modern age.

father (v) 창시하다
stalemate (n) 교착 상태

02 The cleared soil was rich in minerals and nutrients and provided substantial production yields.

cleared (a) 개간된
substantial (a) 실질적인

03 The mistakes were costly both in terms of direct losses and in respect of the industry's image.

04 She easily picked up information not only from her clients but also from women with whom she socialized often.

socialize
(v) 어울리다, 사귀다

05 Industrial capitalism not only created work, it also created 'leisure' in the modern sense of the term.

06 Inside each person there is a wonderful capacity to reflect on the information that the various sense organs register, and to direct and control these experiences.

sense organ 감각기관

07 We show you how Fortress TM enhances your strengths and remedies your weaknesses.

remedy (v) 치료하다

Actual Test

Actual Exercise 2 다음 주어진 문장을 병렬구조에 유의하며 해석하세요.

01 What is also important is not the amount of information we collect but how consciously we receive it.

consciously
(ad) 의식적으로

02 Any helping behavior that is burdensome, interferes with your daily goals and functioning, or causes bitterness would surely backfire as a path to happiness.

burdensome (n) 부담
bitterness (n) 쓰라림
backfire (n) 역효과

03 The rich and powerful not only own more real estate than the less privileged, they also command more visual space.

04 The babies allow themselves to be comforted, molding to their parent's bodies as they are held and talked to.

mold to (v) 밀착시키다

05 If your supporting comments outweigh the critical ones, the other person will feel assured that you are considering their idea and is likely to be more receptive to what you say.

receptive (a) 수용적인

06 Time is not meant to be devoured in an hour or a day, but to be consumed delicately and gradually and without haste.

delicately (ad) 정교하게

07 Attributes and values are passed down from parents to child across the generations not only through strands of DNA, but also cultural norms.

attribute (n) 자질, 속성
strand (n) 가닥

 Check up

C 도치구문

STEP 1 **부정어 도치:** 부정부사 (not, no, none, little, few, hardly, etc)가 문장 맨 앞에 오면 뒤에 주어동사의 순서가 뒤바뀐다.

- Little did I think that he would leave the town.
  나는 그가 마을을 떠날 것이라고 거의 생각하지 못했다.
- Never have I heard of such a thing.
  난 그런 것을 들어본 적도 없다.

STEP 2 **only 부사구 도치:** 문장 맨 앞에 Only가 부사 (구, 절)과 함께 나오면 도치가 일어난다.

- Only then did she start to cry.
  바로 그때 그녀는 울기 시작했다.
- Only with a single trial could he achieve success.
  오직 단 한 번의 시도로 그는 성공을 성취할 수 있었다.
- Only when I met her did I hear the news.
  내가 그녀를 만났을 때야 비로소 나는 그 소식을 들었다.

STEP 3 **장소부사구 도치:** 1형식 문장에서 장소 부사가 문장 맨 앞에 오면 도치가 일어난다.

- In the restaurant stands a cute doll.
  식당에 귀여운 인형 하나가 서있다.
- There are apples on the table.
  테이블 위에 사과들이 있다.

▌ 부정어 도치

Exercise 1 다음 주어진 문장을 해석하세요.

01 Little did I think that she would come back.

02 Hardly is the actor seen on TV.

03 Never have I seen such a wonderful sight.

▌ only 부사구 도치

Exercise 1 다음 주어진 문장을 해석하세요.

01 Only then did I realize her absence.

02 Only with great difficulty could he solve the problem.

03 Only when he came back home did, he hear the news.

▌ 장소부사구 도치

Exercise 1 다음 주어진 문장을 해석하세요.

01 In the box were several old letters.

02 There are apples on the table.

❖ 도치 실전 독해연습

Actual Exercise 1 다음 주어진 문장을 도치를 고려하여 해석하세요.

01 Never have we experienced such an explosion of new production techniques.

02 Only by acknowledging them can you begin to get a clearer picture.

    acknowledge (v) 인정, 인식하다

03 Not only do children contribute to interactions, but in so doing, they affect their own developmental outcomes.

    interaction (n) 상호작용

04 Little scientific research has been done to find exactly which kinds of music tend to put people in which moods.

    mood (n) 기분

05 Only the combined efforts of all individuals can yield the beautiful music no single individual can ever hope to produce on his own.

06 Not until the dating years, when competition for boys becomes an issue, do women report being concerning with feminine behavior.

07 Not only did participants predict that the stock price of easily pronounceable companies would outperform the others, but they also predicted that the latter would go down, while the former would rise.

    pronounceable (a) 발음할 수 있는
    outperform (v) 능가하다

Actual Test

08 Only after some time and struggle does the student begin to develop the insights and intuitions that enable him to see the centrality and relevance of this mode of thinking.

intuition (n) 직관
centrality (n) 중심성
relevance (n) 적절성

09 When asked by a friend if he would have done the same had there been no religious dictum or philosophical principle about helping the needy, Hobbes replied that he would.

dictum (n) 격언, 금언

 Check up

D 수의 일치

수일치라는 것은 주어의 인칭과 수에 따라 동사를 일치시켜주는 것을 말합니다.

주어가 단수(하나)거나 단수 취급될 경우, 동사의 현재형에 's'를 붙인다는 규칙을 먼저 배웠었죠?
여기서는 다양한 수일치의 예를 알아보겠습니다.

STEP 1 수일치 기본

Many	많은	+ 복수명사 + 복수동사
Many a	많은	+ 단수명사 + 단수동사
A number of	많은	+ 복수명사 + 복수동사
The number of	~의 수	+ 복수명사 + 단수동사
*The amount of	~의 양	+ 불가산명사 + 단수동사
*The percentage of	~의 퍼센트	+ 복수명사 또는 불가산명사 + 단수동사

- Many children **are** crazy about Pororo
  많은 아이들이 뽀로로에 열광한다.

- Many a child **is** crazy about Pororo.
  많은 아이들이 뽀로로에 열광한다.

- A number of babies **are** crying in the same place.
  많은 아기들이 같은 장소에서 울고 있다.

- The number of babies **was** written wrongly.
  아기들의 수가 잘못 쓰였다.

STEP 2 부분명사

명사파트에서 배웠던 부분명사는 수일치와 아주 밀접한 관련이 있죠? 다시 복습하고 지나가겠습니다.
부분명사가 주어자리에 오고 바로 뒤에 'of + 명사'오면 우리는 부분명사가 아닌 of 뒤에
있는 명사에 수를 맞춰서 동사에 반영해주면 되겠습니다.

most / half / some / (A) part / the rest / 분수 / (A) percent	of 명사 + 동사 (바로 앞 명사에 수일치)

- Most of <u>them</u> **are** very valuable.
  많은 아기들이 같은 장소에서 울고 있다.

- Half of <u>the employees</u> **were** fired.
  직원들의 절반이 해고되었다.

 Check up

STEP 3 상관접속사와 동사의 일치

both A and B (항상 복수) 와 B as well as A (B에 일치)를 제외하고
모두 동사 바로 앞의 명사에 수일치를 합니다.

- <u>Both Barbie and Ken</u> **hate** each other.
  Barbie와 Ken은 서로 싫어한다

- <u>You</u> as well as he **are** lazy.
  그 뿐만 아니라 너도 게으르다.

- Neither you nor <u>I</u> **was** chosen.
  너와 나 둘 다 선택 받지 못했다.

STEP 4 **every, each, either, neither**

every	+ 단수명사 + 단수동사
each	+ 단수명사 + 단수동사
each of	+ 복수명사 + 단수동사
either of	+ 복수명사 + 단수동사 (종종 복수동사)
neither of	+ 복수명사 + 단수동사 (종종 복수동사)

- Every student **was** seated silently.
  모든 학생들이 조용히 앉아 있었다.

- Each student **keeps** the secret paper.
  각각의 학생들은 비밀쪽지를 가지고 있다.

- Each of students **has** his or her own character.
  각각의 학생들은 자기 자신만의 성격을 가지고 있다.

- Either of the two children **is(are)** her daughter.
  두 명의 아이들 중 하나는 그녀의 딸이다.

- Neither of the two children **is(are)** her daughter.
  두 명의 아이들 둘 다 그녀의 딸이 아니다.

☀ Check up

STEP 5 구와 절은 단수 취급

부정사나 동명사 또는 절이 주어로 쓰일 때는 단수 취급합니다.

- To contact him is very hard.
  그에게 연락하는 것은 매우 어렵다.

- Collecting coins was his hobby.
  동전을 모으는 것은 그의 취미다.

- What I need right now is his money.
  나에게 당장 필요한 것은 그의 돈이다.

What절 뒤에 <u>복수동사</u>가 나온 문장을 본 적이 있으신가요?

<u>What they are going to buy</u> are the books. (o)

What은 절이니깐 단수 취급이라고 생각했는데 복수동사가 나오면 당황할 수 있는 상황!!

이 경우는 사실 '보어 도치' 문장이라고 보셔야 됩니다.
원래 문장은 The books are what they are going to buy 에서 보어인 what절이
문두로 나가고 뒤에 도치가 일어난 것입니다.

Actual Test

❖ 수일치 실전 독해연습

Actual Exercise 1 다음 괄호 안에서 문법적으로 맞는 것을 고르고 해석하세요.

01 A number of students (is / are) studying very hard to get a job after their graduation.

02 The number of women who (owns / own) guns (has / have) been rising rapidly over the past decade.

03 Two thirds of my classmates (is / are) going to look for jobs after graduation.

04 At school districts across the country, the chief technology officers responsible for safeguarding student data (is / are) tearing their hair out.

05 He acknowledged that a number of Koreans (was / were) forced into labor under harsh conditions in some of the locations during the 1940's.

06 The number of people taking cruises (continues / continue) to rise and so does the number of complaints about cruise lines.

07 According to a recent report, the number of sugar that Americans consume (does / do) not vary significantly from year to year.

08 The number of new employees who (require / requires) extensive training in customer service procedures (has / have) declined since the company changed employment agencies.

❖ 최종 기출 실전 독해연습

Actual Exercise 1 다음 주어진 문장을 분석하고 해석하세요.

01 All you need to do is to log on to taborm.com website to sign up.

02 How you learn is just as important as what you learn.

03 They always stop what they are doing to read and respond to incoming e-mails.

04 He took the time to point out the things I was doing wrong and explained what some of my students didn't like about me.

05 This is a way of letting everyone who hears know that they do in fact have high standards.

06 There are a number of different conceptions of travel used in the leisure and recreation fields, with the concept changing over time.

conception (n) 구상

07 I hope to see you back on the dance floor demonstrating the latest tango move you've mastered.

demostrate
(v) 보여주다, 입증하다

08 Marketing to women is a hot topic today, and businesses which assume that adding a few pink shades to their marketing materials or logo will be enough will be in the loser's seat very quickly.

Actual Test

09 City officials went to the state capital again and again to ask that something be done about quieting the highway noise.

official (n) 공무원

10 Any fleeting thoughts suggesting that we might be at fault typically are overcome by more powerful self-justifying thoughts.

fleeting (a) 순식간의

11 After making a choice, the decision ultimately changes our estimated pleasure, enhancing the expected pleasure from the selected option and decreasing the expected pleasure from the rejected option.

enhance (v) 강화시키다

12 Who we believe we are is a result of the choices we make about who we want to be like, and we subsequently demonstrate this desired likeness to others in various and often subtle ways.

subsequently (ad) 나중에
subtle (a) 미묘한

Actual Exercise 2 다음 주어진 문장을 분석하고 해석하세요.

01   The last thing you want to convey to your listeners is that they have elected, chosen, or appointed someone inadequate to the task.

inadequate (a) 부적당한

02   In order to include women successfully in brand strategies, we need to understand the ways in which women think differently from men.

03   A lack of the proper amount of time needed to observe my skills and abilities was probably the main factor in my receiving a lower evaluation than I deserve from my current supervisor and store manager.

04   A psychologist using naturalistic observation to study how children of different races play together would watch groups of children playing in the school yards or parks, but he would keep himself at a distance so as not to be detected.

at a distance 멀리서

05   Within the last fifty years zoo exhibits have been transformed from simple cages designed to retain and display animals to sophisticated enclosures which provide places where animals may remain hidden from the public but which also offer the visitors with minimal disturbance to animals.

sophisticated
(a) 정교한, 세련된

06   For years, scientists studied the remains of dead animals at museums, examined lab animals closely, but simply overlooked the opportunities at their local zoos.

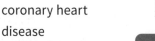 **Actual Test**

07 Those who felt they had to meet deadlines imposed by someone else and had little say in how they did their work had a 50 percent higher risk of developing symptoms of coronary heart disease than those with more job flexibility.

coronary heart disease 관상동맥 심장병
job flexibility 고용 유연성

08 These children's lack of schooling would make it difficult for them to get jobs that would enable them to escape from poverty, thus recreating the conditions that led to their own illiteracy.

illiteracy (n) 문맹

09 You have to be very selective about whom you will help and how involved you get if you don't want to get overloaded.

overload (v) 과부하에 걸리게 하다

10 Knowing how to bend the rule to fit the circumstance was exactly what practical wisdom was all about.

fit (v) 맞추다

11 The technique used to make panes of glass was to spin molten glass so as to create a round, mostly flat plate.

12 The rule, which Hewitt created with a couple of colleagues and persuaded the borough council to pass, was that any development beyond a small scale would have to include the capacity to generate ten percent of that building's energy requirements, or the developers would be denied permission to build.

borough council 시의회
scale (n) 규모

Actual exercise 3 다음 주어진 문장을 분석하고 해석하세요.

01 Although not the generally accepted goal, the best science can really be seen as refining ignorance.

refine (v) 개선하다

02 It gave me great pleasure to think about how my dream would become a reality.

03 To say that we need to curb anger and our negative thoughts and emotions does not mean that we should deny our feelings.

curb (v) 억제하다

04 One reason most dogs are much happier than most people is that dogs aren't affected by external circumstances the way we are.

circumstance (n) 상황, 환경

05 Trusting people and empowering them also allows you to focus on the things you need to accomplish.

empower (v) 권한을 주다

06 While this approach can work well for problems that are similar to those previously solved, it often fails.

07 For an employee to receive feedback that can truly help him or her improve performance, it must be provided on a regular and more frequent basis.

08 School physical education programs should offer a balanced variety of activities that allow young people to develop competency in lifetime activities that are personally meaningful and enjoyable.

competency (n) 능력

09 Psychologists who study giving behavior have noticed that some people give substantial amounts to one or two charities, while others give small amounts to many charities.

charity (n) 자선단체

Actual exercise 4 다음 주어진 문장을 분석하고 해석하세요.

01 The idea is that countries should now share the burden of emissions cuts according to how historically responsible they were for the problem.

emission
(n) (배기가스) 방출

02 She explained that when she was a young mother, the only roasting pan she'd had was too short for a standard roast.

03 What disturbs me is the idea that good behavior must be reinforced with incentives.

disturb
(v) 불편하게 하다
incentive (n) 장려책

04 What is dangerous about the Internet is, because it has the aura of technology around it, it has a totally undeserved instant credibility.

aura (n) 기운, 아우라

05 In a UK survey conducted a couple of years ago it was found that 91 percent of women felt that advertisers didn't understand them, despite the fact that a fifth of all media advertising was aimed at women rather than men.

06 There is an almost peculiar correlation between what is in front of our eyes and the thoughts we are able to have in our heads.

peculiar
(a) 독특한, 이상한
correlation (n) 상관관계

07 Now that it has been decided that cleaner cars are wanted, less polluting cars will be produced.

08 While afloat, a reindeer becomes uniquely vulnerable, moving slowly with its antlers held high as it struggles to keep its nose above water.

reindeer (n) 순록
vulnerable (a) 취약한
antler (n) (사슴) 가지진 뿔

09 The reason for this is not the external size and massiveness of their works, although the Egyptians admittedly achieved some amazing things in this respect.

external (a) 외부의
massiveness (n) 거대함

10 A study of food preferences among the Hadza hunter-gatherers of Tanzania found that honey was the most highly preferred food item, an item that has the highest caloric value.

preference (n) 선호

Actual Exercise 5 다음 주어진 문장을 분석하고 해석하세요.

01 The creativity that children possess needs to be cultivated throughout their development.

02 Identifying what we can do in the workplace serves to enhance the quality of our professional career.

 **Actual Test**

03 With the industrial society evolving into an information-based society, the concept of information as a product, a commodity with its own value, has emerged.

04 Children who visit cannot help but remember what their parents or grandparents once were and be depressed by their incapacities.

05 Being observed while doing some task or engaging in some activity that is well known or well practiced tends to enhance performance.

06 Many of what we now regard as 'major' social movements (e.g. Christianity, trade unionism or feminism) were originally due to the influence of an outspoken minority.

outspoken
ⓐ 노골적으로 말하는

07 Young fish produce many fewer eggs than large-bodied animals,and many industrial fisheries are now so intensive that few animals survive more than a couple of years beyond the age of maturity.

08 This might seem surprising, for the early cotton masters wanted to keep their machinery running as long as possible and forced their employees to work very long hours.

Unit 8

8

특수구문

8 특수구문 **231**

09 It's not so much that your memory of last week's lunch has disappeared; if provided with the right cue, like where you ate it, or whom you ate it with, you would likely recall what had been on your plate.

10 What he hadn't realized was that the administrative staff hadn't been able to find the requested Bosendorfer piano, and they had instead installed a tiny little Bosendorfer that was in poor condition.

administrative staff
(n) 관리 직원

수능X내신
고등 영문법
2400제

정답 및 해설 & 부록

정답 및 해설

부록

+ 불규칙 동사 변환표

+ to부정사와 동명사를 목적어로 하는 동사

Unit 1　1단계: 단어와 문장의 이해

A 단어와 구, 절의 구분

Exercise 1)

1. 단어 /나는 그에게 파란색 자전거를 사주었다.
2. 절 /나는 어렸기 때문에, 티켓을 살 수 있었다.
3. 구 /그들은 수영장에서 수영을 하고 있었다.
4. 절 /그녀는 붉은 셔츠를 입은 소년을 만났다.
5. 구 /그들은 나와 종종 어울린다.

Exercise 1-1)

1. 구 /그녀는 그녀의 과제를 미뤘다.
2. 절 /그녀가 그에게 전화를 하자마자, 그녀는
뭔가 이상한 것을 느꼈다.
3. 단어, 구 /나는 길에서 매우 귀여운 고양이를 만났다.
4. 구 /그의 편애 때문에 나는 화가 났다.
5. 단어, 단어 /오늘 나는 비싼 지갑을 샀다.

p6

B 문장을 구성하는 단어의 종류

Exercise 1)

1. 형용사
2. 동사
3. 형용사
4. 형용사
5. 부사
6. 명사
7. 부사
8. 명사
9. 명사
10. 동사

Exercise 1-1)

1. 형용사
2. 부사
3. 동사
4. 명사
5. 동사
6. 형용사

7. 명사
8. 명사
9. 명사
10. 형용사

p7

C 문장의 종류

STEP 1 문장의 종류

Exercise 1)

1. 3형식 (나는 한 소년을 만났다.)
2. 1형식 (잎사귀들이 떨어졌다.)
3. 2형식 (그 소녀는 작다.)
4. 2형식 (그는 비행사이다.)
5. 2형식 (그 케이크는 상했다.)
6. 4형식 (나는 그녀에게 선물 하나를 주었다.)
7. 5형식 (그는 나를 천재라고 부른다.)
8. 3형식 (나는 개를 좋아한다.)
9. 3형식 (나는 티셔츠 한 장을 샀다.)
10. 4형식 (나는 그녀에게 치마 하나를 사줬다.)

Exercise 1-1)

1. 1형식 (사람들은 운다.)
2. 3형식 (그녀는 방들을 치웠다.)
3. 3형식 (나는 시험을 치렀다.)
4. 5형식 (그들은 나를 행복하게 만들었다.)
5. 4형식 (그들은 나에게 드레스를 만들어주었다.)
6. 4형식 (그는 그녀에게 영어를 가르친다.)
7. 5형식 (담요들이 그들을 따뜻하게 유지시켰다.)
8. 2형식 (담요들은 온기를 유지한다.)
9. 5형식 (나는 그가 스파이더맨이라고 생각한다.)
10. 2형식 (그 소녀는 배고파 보인다.)

Exercise 1-2)

1. 1형식 (나는 때때로 늦게 일어난다.)
2. 3형식 (오늘 나는 디저트로 맛있는 케이크를 먹었다.)
3. 3형식 (나는 여전히 그녀의 귀여운 얼굴을 기억한다.)
4. 3형식 (나는 그를 학교 앞에서 만났다.)
5. 5형식 (나는 그 아이를 Linda라고 이름 지어줬다.)

6. 1형식 (열쇠 하나가 테이블 위에 있다.)

7. 2형식 (그 실험의 결과는 비밀로 남겨졌다.)

8. 4형식 (그는 그들의 아이들에게 편지를 지난 일요일에 보냈다.)

9. 1형식 (나는 일찍 잤다.)

10. 1형식 (태양은 항상 동쪽에서 뜬다.)

11. 2형식 (놀이터에 있는 아이들은 가난해 보인다.)

12. 2형식 (그녀는 쉽게 잠이 든다.)

Exercise 1-3)

1. 1형식 (그녀는 3년 전에 죽었다.)

2. 4형식 (그는 나에게 이상한 이야기를 해주었다.)

3. 1형식 (민수는 공터에서 그의 친구들과 논다.)

4. 2형식 (그는 유명한 의사가 되었다.)

5. 2형식 (어제 나는 매우 취했다.)

6. 5형식 (나는 항상 그가 정직하다고 믿는다.)

7. 2형식 (테이블 위에 사과가 썩었다.)

8. 2형식 (그 계획은 매우 재미있게 들린다.)

9. 4형식 (나는 종종 그에게 그림이 많이 있는 책을 보낸다.)

10. 2형식 (그 우물은 여름에 마른다.)

p10

Exercise 2) (예시 답안입니다.)

1. He likes comic books.

2. We watched a funny movie yesterday.

3. Sugar makes food sweet.

4. She called you several times today.

5. Money doesn't always bring happiness.

Exercise 2-1) (예시 답안입니다.)

1. I think him honest.

2. I showed him honesty.

3. She made his son a lawyer.

4. She made his son a paper airplane.

5. The Earth revolves around the Sun.

6. This perfume smells good.

p11

◆ 문장의 형식 실전 독해연습

Actual Exercise 1)

1. 4형식 (지식은 너에게 힘을 준다.)

2. 2형식 (몇몇 수생식물들은 물에 뜬다.)

3. 5형식 (그 왕은 그의 제국을 안정적으로 만들었다.)

4. 2형식 (그들의 불평들이 나에게 합리적으로 들린다.)

5. 1형식 (2001년에 수출은 약간 떨어졌다.)

6. 1형식 (더치 경매는 경매의 한 종류를 일컫는다.)

7. 1형식 (돌고래의 죽음은 1990년과 2000년 사이에 80퍼센트 이상까지 감소했다.)

 * by: ~까지

8. 5형식 (이번 실험의 결과는 나의 모든 노력을 가치 있게 만들었다.)

9. 5형식 (영국인들은 학교 체육을 교육의 중요한 일부로 생각한다.)

10. 4형식 (나는 순전한 호기심에서 그녀에게 살짝 개인적인 질문을 했다.)

11. 1형식 (확실히 생명연장은 언젠가 우리 나머지를 위해 효과가 있게 될 것이다.)

12. 1형식 (행복은 사람들과의 긍정적인 관계로부터 생겨난다.)

Unit 2 동사의 주요기능

A 시제

➡ 동사의 기본시제

STEP 1 현재

STEP 2 과거

STEP 3 미래

p15

Exercise 1)

1. 과거시제 (나는 어제 TV를 보았다.)

2. 현재시제 (나는 가끔 일을 마친 후에 TV를 본다.)

3. 현재시제 (나는 보통 하루에 3시간 TV를 본다.)

4. 미래시제 (나는 언젠가 TV를 볼 것이다.)

5. 현재시제 (코끼리는 긴 코를 가지고 있다.)

6. 현재시제 (그녀는 세 대의 멋진 차를 가지고 있다.)

Exercise 2)

1. met (나는 그의 여동생을 어제 만났다.)

2. goes (지구는 태양 주변을 돈다.)

3. will be (그녀는 언젠가 훌륭한 예술가가 될 것이다.)

4. invented (그들은 이 기계를 1990년에 발명했다.)

5. hung /hanged (너의 여동생은 지난 주 일요일에 그녀의 친구들과 어울렸다.)

6. cares (요즘 그녀는 그녀의 외모에 너무 많이 신경을 쓴다.)

7. lived (나의 사촌은 3년 전에 작은 아파트에서 살았다.

8. forms (얼음은 0도의 온도에서 형성된다.)

9. will meet (그는 언젠가 그의 친부모(생물학적 부모)를 만날 것이다.)

10. decided (나는 미래를 위해서 약간의 돈을 저축하기로 결심했다.)

Exercise 3) (예시 답안입니다.)

1. I'm satisfied with my appearance.

2. I'm not satisfied with my appearance.

3. I wasn't satisfied with my appearance.

4. He always thinks about his poverty.

5. He went to the movies with his friend yesterday.

6. I will meet her someday.

p18

■ 미래를 표현하는 여러 가지 방법 1

Exercise 1)

1. is taking (그는 오늘 시험을 치를 것이다.)

2. starts (그 영화는 8시에 시작할 것이다.)

3. is going to go (우리가족은 내일 외출할 것이다.)

4. is (그녀는 다음 주에 파티를 열 것이다.)

5. will (너는 산으로 하이킹 가지 않을 것이다.)

Exercise 2)

1. A: Mr. Kim이 너를 찾고 있어.

   B: 나도 알아. 그에게 전화할 예정이야.

2. A: Mr. Kim이 너를 찾고 있어.

   B: 아 정말? 전화해봐야겠다.

3. A: 우리 물이 다 떨어졌어!

   B: 정말? 내가 사올게.

4. A: 너 지금 뭐하고 있니?

   B: 나 지금 학교 가고 있어.

5. A: 너 이번 주말에 뭐 할거야?

   B: 교회에 갈 거야.

p19

■ 미래를 표현하는 여러 가지 방법 2

Exercise 1)

1. 그가 손을 막 올리려고 할 때, 너는 즉시 피해야 한다.

2. 그는 오늘밤 학생들에게 연설하기로 예정되어있다.

3. 그는 오늘 오후 공항에 갈 예정이다.

4. 그녀는 그가 아니라 나를 만나기로 되어있다.

5. 그들은 함께 일을 그만둘 것 같다.

6. 나는 화랑으로 막 떠나려 한다.

7. 그는 일주일 이내에 메일 하나를 받을 것이다.

8. 나는 오늘밤 직접 사장님을 만나기로 예정되어 있다.

9. 나는 내일 그의 장소(집)을 찾을 예정이다.

10. 그 아기는 당장 울려고 한다.

Exercise 2) (예시 답안입니다.)

1. He is about to open the door.

2. She is going to do the dishes today.

3. They are supposed to meet him at the restaurant at 6:00.

4. She is likely to leave him alone.

5. I am going to watch a movie today.

Exercise 2-1) (예시 답안입니다.)

1. He is going to (go to) Jeju Island today.

2. I am about to talk to the girl.

3. She is supposed to attend the conference.

4. He is going to take a bath today.

5. He is likely to blame the company.

➡ 동사의 진행시제

STEP 4 현재진행

p22

Exercise 1)

1. was studying (나는 도서관에서 공부하고 있었다 / 나의 남자형제가 자고 있는 동안에.)
2. is swimming (그 소년은 그의 친구들과 지금 수영을 하고 있는 중이다.)
3. will be cleaning (내일 이 시간쯤에, 나는 집을 청소하고 있을 것이다.)
4. was watching (그는 TV를 보고 있는 중이었다 /내가 그에게 전화를 걸었을 때.)
5. are singing (A: 저기 봐! 새들이 행복하게 노래를 부르고 있어.)
6. was walking (나는 거리로 걷고 있었다 /눈이 내리기 시작했을 때.)
7. was having (내가 공부를 하고 있는 동안, 나의 룸메이트는 파티를 하고 있었다.)
8. was waiting (나는 버스를 기다리고 있었다 /내가 선생님을 우연히 만났을 때.)
9. will be waiting (너는 내일 세시쯤에 날 방문할 수 있어. 내가 너를 기다리고 있을 거야.)
10. will be having (6시와 7시 사이에 전화하지 마. 나는 그때 중요한 회의에 참석하고 있을 것이야.)

p23

■ 현재진행과 현재의 비교

Exercise 1)

1. looks (그의 계획은 나에게 완벽해 보인다.)
2. are eating (그들은 지금 햄버거를 먹고 있는 중이다.)
3. is running (그녀는 지각하지 않기 위해 학교를 향해 달려가고 있는 중이다.)
4. is boiling (주전자가 지금 끓고 있는 중이다.)
5. boils (물을 100도에서 끓는다.)
6. takes (그녀는 때때로 샤워를 한다.)
7. is taking (그녀는 지금 샤워 중이다.)

Exercise 1-1)

1. is putting (그녀는 지금 헬멧을 쓰고 있는 중이다.)
2. doesn't exist (이웃 간의 사랑이 더 이상 존재하지 않는다.)
3. begins (자선은 집에서부터 시작한다.)
4. takes (그녀는 항상 아침에 산책한다.)
5. am not reading (나는 지금 만화책을 읽고 있지 않다.)
6. resembles (그녀는 그의 아버지를 닮았다.)
7. smells (이 수프는 환상적인 냄새가 난다.)

Exercise 2) (예시 답안입니다.)

1. He is standing in the front row.
2. He read the novel yesterday.
3. I denied my fault.
4. The pizza smelled delicious.
5. The pizza smells delicious.
6. She is looking for her wallet.
7. I wake up at 7 every day.
8. He doesn't like coffee.

STEP 5 과거진행

STEP 6 미래진행

p25

■ 진행시제 종합문제

Exercise 1)

1. 나는 지금 저녁을 하고 있다.
2. 나는 저녁을 하고 있었다 /나의 아들이 들어 왔을 때.
3. 나는 저녁을 하고 있을 것이다 /나의 남편이 출장에서 돌아올 때.
4. 그는 지금 거짓말쟁이이고 있다 /그가 위협받고 있기 때문에.
5. 그는 거짓말쟁이다, 왜냐하면 그는 절대 진실을 말하지 않기 때문이다.

Exercise 2)

1. am studying (나는 지금 영어를 공부하고 있다.)
2. study (나는 매일 영어를 공부한다.)
3. was studying (나의 남자형제가 내 방에 들어왔을

때 나는 영어를 공부하고 있는 중이었다.)

4. studied (나는 과거에 영어를 공부했지만, 지금은 더 이상 하지 않는다.)

5. will be studying (할머니가 내일 나를 방문하실 때, 나는 방에서 영어를 공부하고 있을 것이다.)

6. will be shopping (나는 그의 선물을 위해 쇼핑하고 있을 것이다/ 나의 아들이 내일 학교에 있을 때.)

7. was sleeping (우리가 파티를 하고 있는 동안에 그녀는 그녀의 방에서 자고 있었다.)

8. was texting (내가 그 소녀를 보았을 때, 그녀는 그녀의 학급 친구에게 문자를 보내고 있었다.)

Exercise 2-1)

1. was playing (그의 어머니가 요리하고 있는 동안에, 그는 컴퓨터 게임을 하고 있었다.)

2. will be taking (내일 열 시쯤에 나는 영어 시험을 보고 있을 것이다.)

3. was sleeping (그가 나에게 전화했을 때, 나는 자고 있는 중이었다.)

4. is sleeping (그 아기는 지금 침대에서 자고 있는 중이다.)

5. sang (그녀는 그저께 나를 위해 생일 축하 노래를 불렀다.)

6. will be watching (내일 그가 나에게 전화를 걸 때, 나는 TV를 보고 있을 것이다.)

7. called (뭐하고 있는 중이었니 그녀가 너에게 전화를 걸었을 때.)

8. will be setting (그가 산 정상에 올랐을 때, 태양은 지고 있는 중 일것이다.)

Exercise 3) (예시 답안입니다.)

1. When he called me, I was reading a book.

2. She is watering flowers.

3. While my son is playing baseball tomorrow, I will be shopping for his present.

4. When we were having a party, she was sleeping in her room.

5. The students are playing soccer now.

Exercise 3-1) (예시 답안입니다.)

1. I do not(don't) admit my fault.

2. When she came home, her mother was talking with her younger brother.

3. When she was very young, she fell in love with her husband.

4. He doesn't keep the school rules.

5. She is waking up her son.

➡ 동사의 완료시제
STEP 7 현재완료
p28
Exercise 1)

1. 그녀는 진실을 안다.

2. 그녀는 오랫동안 진실을 알아왔다.

3. 그들은 어제 그를 만났다.

4. 그들은 한 주에 적어도 한 번은 그를 만난다.

5. 그들은 그를 2000년부터 만나왔다.

6. 그들은 그를 5년 동안 만나왔다.

7. 그녀의 딸은 지금까지 그녀의 어머니를 따르고 있다.

Exercise 2)

1. has been (그 문제는 하루 종일 내 생각 속에 있다.)

2. have worked (나는 2012년 이래로 LM에서 일해 왔다.)

3. has played (그녀는 십 년 동안 일주일에 세 번 피아노를 쳐왔다.)

4. have fallen (나는 내 생애 딱 두 번 사랑에 빠진 적이 있다.)

5. haven't eaten (나는 배고프다. 나는 아침 이후로 어떤 것도 먹지 않아 왔다.)

6. have already sent (나는 이미 지원서를 보냈다.)

7. has rained (그저께부터 비가 내려왔다.)

8. have learned (그 사고 이래로, 나는 유도를 배워오고 있다.)

9. hasn't eaten (그녀는 지난밤 이래로 어떤 것도 먹지 않아왔다.)

10. has written (그는 5년 동안 편지를 써오고 있다.)

p30

■ 현재완료의 추가 용법들

Exercise 1)

1. 나는 지금까지 두 번 부모님을 위해 요리해왔다.
2. 애림이는 하나 밖에 없는 신발을 잃어버렸다. 그래서 그녀는 맨발로 걸어 다닌다.
3. 그는 죽은 후에 방금 지옥에 도착했다.
4. 내가 그를 너무 사랑했기 때문에 가지고 있는 모든 것을 주고 있다.
5. 우리는 방금 가난한 가정을 방문했다.
6. 나는 언제나 배우가 되기를 원해왔다.
7. 나의 부모님은 지금까지 한 번도 한국 밖을 여행해 본 적이 없다.
8. Tom은 이미 그의 숙제를 마쳤다.
9. 그들은 아직도 그들의 숙제를 마치지 못했다.
10. 나는 방금 집에 도착했다.

Exercise 2)

1. 완료 /have just had (나는 방금 점심을 먹었다.)
2. 결과 /has lost (그는 길을 잃어서 제시간에 도착할 수 없다.)
3. 계속 /have liked (나는 어렸을 때부터 공포영화를 좋아해왔다.)
4. 완료 /Has, stopped (비가 아직 안 그쳤니?)
5. 경험 /Have, ever eaten (캐비아를 먹어 본 적 있니?)
6. 완료 /have already sent (나는 그 편지를 이미 보냈다.)
7. 경험 /have never seen (나는 별똥별을 본적이 없다.)
8. 계속 /have collected (나는 삼 년 동안 우표를 모아오고 있다.)
9. 계속 /has met (그녀는 Tom을 우연히 만나오고 있다.)
10. 경험/has visited (John은 지금까지 세 번 미국을 방문했다.)

p32

■ 현재완료와 과거의 비교

Exercise 1)

1. has been (Jim은 프랑스에 세 번 가봤다.)
2. has gone (Jim은 프랑스에 가버렸다, 그래서 그는 지금 없다.)
3. snowed (이틀 전에 눈이 왔다. 하지만 여전히 눈이 내리고 있다.)
4. has drunk (그는 술을 너무 많이 마셨다, 그래서 그는 여전히 그의 부모님도 알아보지 못한다.)
5. has snowed (이틀 동안 눈이 내려 왔다.)
6. went (Jessica는 도쿄에 1992, 1993 그리고 2001년에 갔었다.)
7. has been (Jessica는 도쿄에 몇 번 가본 적이 있다.)
8. lived (Juno는 2013년에 이 마을에 있었다, 그리고 그는 여전히 여기에 살고 있다.)
9. has lived (Juno는 2013년이래로 이 마을에 살아오고 있다.)
10. didn't attend (그는 크리스마스 파티에 참석하지 못했다, 아팠기 때문에.)

Exercise 2)

1. have played (우리는 3년동안 함께 축구를 해오고 있다.)
2. was (그는 어렸을 때, 정직했다.)
3. have been (그는 멕시코에 두 번 가봤다.)
4. have never seen (나는 그렇게 거대한 아기는 이전에 본적이 없다.)
5. have discussed (고객들이 불평한 이래로 그 문제를 계속 토론해오고 있다.)
6. has tasted (Amy는 이전에 보르도 와인은 맛본 적이 있다.)
7. didn't finish (그들은 어제 그 일을 마치지 못했다.)
8. has already taken (Brian은 내 모든 카드를 이미 치워버렸다.)
9. eaten (너는 중국 식당에서 이전에 먹어본 적이 있니?)
10. cleaned (너의 방을 아직 치우지 않았니?)

STEP 8 과거완료
p33

■ 현재완료와 과거완료의 비교

Exercise 1)

1. had (그는 얼마나 많은 시간을 그녀가 그 아픈 아기와 보냈었는지 들었다.)

2. have (그들은 5년 동안 고양이를 길러 왔다.)

3. has (그녀는 거의 익사할뻔한 이래로 수영을 배워오고 있다.)

4. had (나는 그녀에게 어떻게 그들이 그녀를 위해 의사를 보내기로 결심했었는지를 설명했다.)

5. have (그들은 그 규칙들을 10년째 지켜오고 있다.)

6. had (그녀는 그녀가 반응했었던 방식에 대해서 약간 불편하다 느꼈다.)

7. had (Kim은 고통이 그녀의 얼굴로부터 사라졌었기 때문에 평화로워보였다.)

8. has (그녀는 부모님께서 돌아가신 이래로 혼자서 결정을 내려오고 있다.)

9. had (그들은 Judy가 그 뮤지컬에서 역할을 맡았는지 확실하지 않았다.)

10. had (그녀가 발견했었던 그 반지는 1000달러의 값이 나갔다.)

Exercise 2)

1. had just finished (그녀가 떠났을 때 나는 막 나의 점심을 마쳤었다.)

2. had lived (그녀는 그 당시에 모나코에서 4년 동안 살았었다.)

3. has been (그녀는 그 고양이와 10년을 함께 해오고 있다.)

4. had done (그는 그가 술 취한 상태에서 무엇을 했었는지 자백했다.)

5. has been (그녀는 그녀의 엄마한테 심하게 꾸짖어진 이래로 정직해오고 있다.)

6. has taken (그녀는 지금까지 지시들을 잘 받아들여오고 있다.)

7. had already left (내가 공항으로 돌진했을 때, 마지막 비행기는 이미 떠났었다.)

8. had deceived (나는 화났다, 왜냐하면 그가 나를 또 다시 속였었기 때문에.)

9. hadn't done (나는 내가 숙제를 안 했다는 것을 깨달았다.)

10. has stayed (그녀는 그 사고 이래로 매주 일요일에 집에 머무르곤 한다.)

STEP 9 미래완료
p35

Exercise 1)

1. 내가 그 곳에 도착했을 때에는, 그는 이미 떠나 있을 것이다.

2. 오후쯤에 새들은 북쪽으로 이동했을 것이다.

3. 이번 토요일이면 내가 이곳에 산지 5년이 된다.

4. 내가 소설 쓰기를 끝냈을 때는, 300쪽 이상을 썼을 것이다.

5. 오후 10시 전에 나는 나의 과제를 끝마치게 될 것이다.

6. 그는 다음 달이면 아프리카로 떠나있을 것이다.

7. 만약 내가 한국을 다음 주에 방문한다면, 나는 거기를 세 번 방문한 것이 될 것이다.

8. 김씨는 다음 주면 여기서 20년동안 일해온 것이 될 것이다.

p36

■ 완료 시제 종합

Exercise 1)

1. had never gotten (비록 그녀가 결코 A를 받은 적이 없었을지라도 그녀는 더 열심히 영어를 공부했다.)

2. will have just given birth to (그의 엄마가 병원을 떠날 때쯤이면 그녀는 아기를 낳을 것이다.)

3. had worked (나는 독일 행 비행기 표를 샀다. 나는 그것을 사기 위해 3달 동안 일했었다.)

4. have avoided (그가 이상하다고 알아차린 이래로, 나는 그를 만나는 것을 피해오고 있다.)

5. had worked (Tom은 그의 일을 그만뒀다. 그는 10년 동안 일했었다.)

6. will have built (20년 안에, 그들은 그 박물관을 지을 것이다.)

7. have already finished (나는 이미 아침을 먹었다.)

8. had already arrived (그들이 이미 도착했었기 때문에, 나는 그들에게 전화를 걸 필요가 없었다.)

9. Has, come (그녀는 아직 안 돌아왔니?)

STEP 10 현재완료진행
STEP 11 과거완료진행
STEP 12 미래완료진행
➡ 동사의 완료진행시제
p38
Exercise 1)
1. has been cleaning (Tom은 오늘 바쁘다. 그는 하루 종일 방을 치우는 중이다.)
2. has been waiting (그녀는 당신의 전화를 세시간 째 기다려오고 있는 중이다.)
3. had been bothering (나의 등(통증)은 나를 괴롭혀왔고, 그래서 나는 병원에 갔다.)
4. had been raining (지난 밤까지 비가 내리고 있는 중이었다.)
5. will have been working (Jane은 다음 달이면 NASA에서 15년 동안 일해온 것이 될 것이다.)
6. has been raining (지난 밤 이래로 계속 비가 내리고 있다.)
7. have been working (나는 TSL에서 4년째 일해오고 있는 중이다.)

Exercise 1-1)
1. will have been sleeping (그는 네가 전화할 때까지 자고 있을 것이다.)
2. had been walking (비가 오기 시작했을 때 나는 한 시간 동안 거리를 걷고 있었었다.)
3. had been fighting (내가 거기에 도착했을 때 그들은 서로서로 싸워왔었다.)
4. has been playing (오늘 아침 이래로 Jane은 컴퓨터 게임을 해오고 있다.)
5. will have been raining (내일이면 한 주 동안 계속해서 비가 오게 된 것이다.)
6. have been solving (나는 지금까지 혼자서 이 문제를 해결해 오고 있다.)
7. has been watching (민수는 3일 전부터 TV를 보고 있다.)
8. will have been teaching (그 선생님은 내일이면 10년 동안 가르쳐온 것이 될 것이다.)

p39
◆ 시제 실전 독해연습
Actual Exercise 1)
1. has (지난 몇 년에 거쳐 영국정부는 광고에 더 많은 돈을 계속해서 소비해오고 있다.)
2. had moved (나는 이 아파트를 얻기 전까지 이 아파트에서 저 아파트로 옮겨 다녔었다.)
3. has grown (1955년도에 처음 차를 생산한 이후로, 한국은 세계에서 6번째로 가장 큰 자동차 생산국가로 성장했다.)
4. had seen (그 말은 그녀가 그녀의 꿈에서 본 것과 같은 옅은 회색 암말이었다.)
5. visited (2001년도 여름에, 그는 집 짓기 프로젝트에 참가하기 위해서 한국의 아산을 방문했다.)
6. have noticed (공부하기 위해 내가 미국에 도착한 이래로, 나는 학업적 성공이 모든 미국인들에 중요한 것은 아니라는 것을 알아차려왔다.)
7. learned (Ms. Sebring은 그 동물이 곧 마라나 가축수용소에서 경매에 부쳐질 예정이라는 것을 알았다.)
8. fell (1996년도에 벤처자금의 양이 전년도에 비해 53% 인 2억 달러로 떨어졌다.)
9. had, has been (몇 년 전, Ken은 차 사고를 당했다. 그 이래로, 그는 휠체어 신세를 지고 있다.)
10. had (경주하는 동안 느꼈던 모든 기진맥진함이 사라졌다.)
11. have been (지난 25년동안 당신은 이 회사의 귀중하고 존경받는 직원이어 왔습니다.)
12. had (재난에 의한 사망자와 재산손해는 20세기 동안에 증가됐던 것으로 보고됐다.)
13. has worked (그는 12년이 넘는 기간 동안, 국경 없는 의사회와 함께 일해왔다.)
14. looked (Hannah는 지난 몇 년간 그녀의 삶의 일부였었던 모든 친숙한 얼굴들을 바라보았다.)
15. was (나는 10시에 나의 새로운 아이디어를 그 회사에 발표하기로 예정되어 있었다.)
16. had (비록 그녀는 창가 자리를 원했지만, Kelly는 복도 쪽 다섯 번째 줄에 앉았다.)

B 조동사

STEP 1 추측의 조동사
p43

■ 추측의 조동사 부정과 긍정의 의미 파악하기
Exercise 1)

1. may (만약 그녀가 아직도 자고 있다면, 그녀는 어쩌면 늦을 것이다.)
2. might (그는 돈이 많다. 그는 어쩌면 관대할지도 모르겠다.)
3. must (그녀는 친구를 쉽게 사귄다. 그녀는 외향적인 사람임에 틀림없다.)
4. can't (Mary는 아르바이트를 구하기를 원할 리 없다, 왜냐하면 그녀는 어제 복권에 당첨됐기 때문에.)
5. may (나는 그녀가 약하다고 생각한다. 시간외 근무를 자주 하는 것은 그녀를 지치게 만들지도 모른다.)
6. must (그들은 서로에게 매우 의존함에 틀림 없다, 왜냐하면 그들은 쌍둥이 형제이기 때문에.)
7. can't (그는 모든 것에 대하여 거짓말을 한다. 그는 정직할 리가 없다.)
8. may not (나는 그녀가 꽤 가난하다고 들었다. 그녀는 그녀의 등록금을 낼 수 없을지도 모른다.)
9. must (그녀는 단지 그가 참여했기 때문에 우리의 동아리를 그만뒀다. 그녀는 그를 매우 싫어함에 틀림없다.)
10. must (그는 어제 거의 잘 수 없었다. 그는 지금쯤 졸릴 것임에 틀림없다.)

■ 추측의 조동사 과거와 현재 의미 파악하기
Exercise 1)

1. must have been (그녀는 그 소식을 들었을 때 슬펐음에 틀림없다.)
2. must have studied (그는 기말고사에서 좋은 성적을 받았다. 그는 열심히 공부했음에 틀림없다.)
3. may inherit (사람이 키가 큰 데에 유전자를 물려받을 지도 모른다.)
4. may have inherited (그 사람은 키 큰 유전자를 물려 받았을 지도 모른다.)
5. may have lost (그녀는 직업을 잃었을지도 모른다. 그녀는 지금 일자리를 찾고 있다.)

6. must have worked (그는 지쳐 보인다. 그는 어제 또 다시 초과근무를 한 게 틀림없다.)
7. may (나는 내 낡은 의자를 찾을 수 없다. 아버지가 이미 그것을 팔아버렸을지도 모른다 내가 학교에 있을 때.)
8. may not be (나는 거의 그 관리자가 사람들에게 말을 거는 것을 보지 못한다. 그는 수다스럽지 않을지 모른다.)

Exercise 2) (예시 답안입니다.)

1. He must have been angry.
2. He must be angry.
3. She can't have lied.
4. She can't lie.
5. When he heard the news, he may have cried.

Exercise 2-1) (예시 답안입니다.)

1. She may like him.
2. She cannot like him.
3. must have been
4. When I talked to her, she cannot have been angry.
5. She cannot have thrown away that book, because she really liked the book.

STEP 2 의무의 조동사
p46
Exercise 1) (예시 답안입니다.)

1. You don't have(need) to pretend to be happy.
2. I didn't have(need) to pretend to be happy.
3. You must(should) not listen to music in class.
4. I should have sent the e-mail on time.
5. I should(have to 등) do my homework until tomorrow.
6. I should have done my homework.
7. You didn't have(need) to do your homework.

Exercise 2) (예시 답안입니다.)

1. You must not(should not) play the computer game.

2. You don't have(need) to show us the pictures.

3. You should(have to) help the person.

4. I should have called him.

5. She should not have been late.

6. He didn't have to pretend to be rich.

7. I had to do him a favor.

STEP 3   had better과 would rather
p48
Exercise 1) (예시 답안입니다.)

1. You had better do your homework.

2. I would rather walk than take a bus.

3. I would rather wear shorts than a skirt.

4. You had better stop smoking.

5. I would rather sleep at home.

STEP 4 used 시리즈
p49
Exercise 1)

1. eating (그 미국인은 김치 먹는 것에 익숙하다.)

2. is used to (그 기계는 컴퓨터를 고치기 위해 사용된다.) / used to (그 기계는 컴퓨터를 고치곤 했다.)

3. used to (그녀는 어렸을 때 요가를 하곤 했다.)

4. used to (내 집 근처에 큰 나무가 있곤 했다.)

5. meeting (나는 새로운 사람들을 만나는 것에 익숙하다.)

p53
Exercise 2) (예시 답안입니다.)

1. I used to drive (a car).

2. An alarm clock is used to wake people up.

3. She is used to waking up early.

4. I used to hang out with my cousins.

5. He is used to staying up all night.

p51
◆ **조동사 실전 독해연습**

Actual Exercise 1)

1. 그 나무가 오직 한국에서만 발견되곤 했다는 것을 많은 사람들은 알지 못한다.

2. 그녀가 없었더라면, 그는 학교를 그만두었을지도 모른다.

3. 너는 상실을 경험했었을 것이다 /비록 네가 그것을 이해하지 못했을지라도.

4. 수천 마리의 돌고래들이 참치 잡이용 그물에 죽임을 당하곤 했다.

5. 그는 학생들로부터 그들이 선호하는 것에 대해 들어볼 것을 Julia에게 제안했다.

6. 너는 권총을 휴대하기 위해 이 주에서 면허를 딸 필요가 없다.

7. 나는 그 일을 하는 것이 너에게 큰 노력이었음에 틀림없었다는 것을 안다.

8. 대부분의 일하는 사람들은 수행목표를 세우고 추구하는데 익숙하다.

9. 그들은 시간이 지나감에 따라 많은 생각들과 결정들이 개선되는 것은 당연하다고 생각한다.

10. 비록 한 아이가 동굴 안에서 두려움을 느꼈을지라도, 강력한 횃불이 그에게 그 동굴의 한계를 보여주었을 수도 있다.

11. 이 애벌레들은 성체가 되기 위해 추가적인 2년을 보냈어야 했는데 실제로는 고작 1년만을 보냈다.

12. 당신은 위험을 무릅쓰고 현재 경험의 한계를 넘어가서 새로운 영역을 탐사해야 한다.

Actual Exercise 2)

1. 비록 네가 모방을 통하여 성격을 형성하였을지라도, 너는 사기꾼이 아니다.

2. 명백히 도자기는 과거에 광범위하게 사용되었음에 틀림없다.

3. 나의 형제는 아마도 다른 곳에 있었을 지도 모른다. 그래서 그는 그 두려움을 경험하지 않았다.

4. Bernard는 그가 앞뜰의 잔디를 깎은 것과 같은 방법으로 진공청소기를 돌렸음에 틀림없다.

5. 네가 더 외향적인 사람에게 끌리는 것은 당연하다.

6. 그 장비는 아마 꽤 오랜 시간 동안 저장되었을지도 모르고, 낡고 더러워졌을 수도 있다.

7. 그녀는 교실의 앞쪽에 가깝게 앉았기 때문에, 아마 필기를 하는 것이 낫겠다고 생각한다.

8. 몇몇 학교의 홀을 통해 걷는 것은 패션쇼의 참석한 것과 같은 느낌을 주곤 했다.

9. 비록 여자들은 초기 단계에는 진지하게 받아들여지지 않았을지 몰라도, 요즘 그들은 서핑 대회에서 좋은 성과를 내고 있다.

10. 러스트벨트(사양화된 공업지대)의 두껍게 미립자화된 안개가 기후변화의 영향을 둔화시켰을지도 모른다.

11. 그녀의 어머니는 그녀가 춥고 젖은 발로 학교에 도착할 것이라 걱정했지만, Lydia는 좀처럼 그녀의 마음을 바꾸려 하지 않았다.

　* 앞의 would는 과거에서 바라본 미래, 뒤의
　　would 과거의 고집

C　수동태

STEP 1　형식별 수동태

p55

■ 3형식의 수동태

Exercise 1)

1. His room is cleaned by him. (그의 방은 그에 의해서 청소된다.)

2. His room was cleaned by him. (그의 방은 그에 의해서 청소되었다.)

3. His room will be cleaned by him (그의 방은 그에 의해서 청소될 것이다.)

4. The plan was canceled by her. (그 계획은 그녀에 의해서 취소되었다.)

5. He will be met by me. (그는 나에 의해서 만나질 것이다.)

6. Poor people are always helped by him. (가난한 사람들은 언제나 그에 의해서 도와진다/도움을 받는다.)

7. The work was finished by her yesterday.
(그 일은 어제 그녀에 의해서 끝마쳐졌다.)

p57

■ 4형식의 수동태

Exercise 1)

1. → A bouquet of flowers was sent to me by them.
(꽃다발은 그들에 의해서 나에게(나를 위해) 보내졌다.)

→ I was sent a bouquet of flowers by them.
(나는 그들에 의해서 꽃다발이 보내졌다.)

2. → A bookcase was made for me by her. (책꽂이가 나에게(나를 위해) 그녀에 의해서 만들어졌다.)

→ x

3. → A job in the post office was offered to him by Mary. (우체국에 일자리 하나가 그에게(그를 위해) Mary에 의해서 제공됐다.)

→ He was offered a job in the post office by Mary.
(그는 Mary에 의해서 우체국에 일자리 하나가 제공됐다.)

4. → A car was bought for his parents by him
(차는 그에 의해서 그의 부모님에게(부모님을 위해서) 구매됐다.)

→ x

5. → Personal questions were asked of me by her.
(개인적인 질문들이 나에게 그녀에 의해서 질문됐다.)

→ I was asked personal questions by her.
(나는 그녀에 의해서 개인적인 질문들이 질문됐다.)

6. → A smartphone was gotten for me by my grandfather. (스마트폰이 나의 할아버지에 의해 나에게(나를 위해) 주어졌다.)

→ x

p59

■ 5형식의 수동태

Exercise 1)

1. He is made happy by her. (그는 그녀에 의해 행복하게 된다.)

2. He is made to smile by her. (그는 그녀에 의해 미소 짓게 된다.)

3. I was wanted to see him in person by them. (나는 그를 직접 보는 것을 그들로 하여금 원하게 되었다. = 그들은 내가 직접 그를 보기를 원하였다.)

4. A girl was heard to cry in the street by me.
(한 소녀가 거리에서 울고 있는 것이 나에게 들려졌다.)

5. He was made to carry the boxes by Lee. (그는 이 씨로 인해서 박스들을 옮기게 되었다.)

6. The cars were had fixed by the mechanic. (그 차들은 수리공에 의해서 고쳐지게 되었다.)

7. The students were seen fighting by the teacher.
(그 학생들이 싸우는 것이 선생님에 의해서 목격됐다.)
8. He isn't allowed to go out with Tom by her. (그는 그녀에 의해서 Tom과 외출하는 것이 허락되지 않는다.)

p60
■ 자동사 + 전치사의 수동태
Exercise 1)
1. The radio is turned on by Ryu before going to bed. (그 라디오는 Ryu가 잠자리에 들기 전에 켜진다.)
2. His classmates are sometimes looked down on by him. (그의 학급 학생들은 그에 의해서 가끔씩 무시당한다.)
3. You will be laughed at by her when you show her this. (네가 그녀에게 이것을 보여줄 때, 너는 그녀에 의해 비웃음을 받게 될 것이다.)
4. His brother is relied on by him in many ways. (그의 남자 형제는 그에 의해서 많은 방법으로 의지를 받는다.)
5. The plan to visit grandparents was put off by her. (조부모님들을 방문하려는 계획은 그녀에 의해 미루어졌다.)
   *현재: put, 과거: put, 과거분사: put

p61
■ 수동태 종합문제
Exercise 2)
1. were replaced (눈물들은 미소로 대체되었다.)
2. were prepared (너는 그 일을 할 준비가 되었다.)
3. was taken (그는 치료를 위해서 병원으로 데려가졌다.)
4. were asked (우리는 우리 자신들을 소개하라고 요청받았다.)
5. was forced (그는 명령을 따르도록 강요되었다.)
6. be done (모든 작업은 전문가에 의해서 수행될 수 있다.)
7. is caused by (추운 겨울은 지구온난화에 의해서 야기된다.)

8. were dressed (파티에 있는 사람들은 동물복장으로 옷을 차려 입었다.)
9. is heated by (바닷물은 태양에 의해 데워진다.)
10. abandoned (그의 모든 노력들은 결국에 포기되었다/버려졌다.)

STEP 2 시제별 수동태
p63
Exercise 1)
1. The room was cleaned by us.
   (그 방은 우리들에 의해서 청소되었다.)
   The room was being cleaned by us.
   (그 방은 우리들에 의해서 청소되고 있었다.)
2. Cars were broken by them.
   (자동차들이 그들에 의해서 망가졌다.)
   Cars have been broken by them.
   (자동차들이 그들에 의해서 망가져 왔다.)
3. Trees were being cut down by the logger.
   (나무들은 그 벌목꾼에 의해서 잘려지고 있었다.)
   Trees have been cut down by the logger.
   (나무들은 벌목꾼에 의해서 잘려져 왔다.)

Exercise 1-1)
1. The machine was invented by the man.
   (그 기계는 그 남자에 의해서 발명되었다.)
   The machine was being invented by the man.
   (그 기계는 그 남자에 의해서 발명되고 있었다.)
2. His new house has been built by them.
   (그의 새집은 그들에 의해서 지어져 왔다.)
   His new house is being built by them.
   (그의 새집은 그들에 의해서 지어지고 있다.)
3. The computer was being used by her.
   (그 컴퓨터는 그녀에 의해서 사용되고 있었다.)
   The computer has been used by her.
   (그 컴퓨터는 그녀에 의해서 사용되어 왔다.)

p64

Exercise 2)

1. My pizza disappeared. (내 피자가 사라졌다.)
   * 1형식은 수동태 불가능
2. I came back from Japan. (나는 일본에서 돌아왔다.)
   * 1형식은 수동태 불가능
3. The babies have been looked after by their nanny. (그 아기들은 그들의 유모로부터 돌봐져 왔다.)
4. The continent was discovered in 1673. (그 대륙은 1673년도에 발견되었다.)
5. His father objected to his son marrying her. (그의 아버지는 그의 아들이 그녀와 결혼하는 것을 반대하였다.)
6. The civilization has lasted more than 2,000 years. (그 문명은 2,000년 이상 지속되어왔다.)
   * 1형식은 수동태 불가능
7. Her anger made her laptop broken. (그녀의 분노는 그녀의 노트북이 부서지도록 했다.)
8. Santa Claus was created in the 19th by the cartoonist Thomas Nast. (산타클로스는 19세기에 만화가 토마스 나스트에 의해서 창조되었다.)
9. His happiness was made to disappear soon with her absence. (그의 행복은 그녀의 부재와 함께 곧 사라지게 되었다.)

Exercise 3)

1. has been considered
2. has just been shot
   * (shoot-shot-shot)
3. is being built
4. was sent
5. has not been played

Exercise 3-1)

1. has been postponed
2. was eaten
3. is being constructed
4. was given
5. has not been cleaned

p66

◆ 수동태 실전 독해연습

Actual Exercise 1)

1. 모든 구조 노력이 결국 포기되었다.
2. 서핑은 종종 남성의 스포츠로 여겨진다.
3. 너는 심지어 농담을 하도록 요구되지도 않는다.
4. 나는 올해 초에 우리의 임무가 다시 생각나게 됐다.
5. 목재는 환경 친화적이라고 널리 인정된다.
6. 과일들과 야채들은 암을 예방하는 것을 돕는다고 믿어진다.
7. 그들은 또한 청중들이 계속해서 웃게 하도록 기대된다.
8. 작고한 사진작가 Jim Marshall 은 20세기의 가장 유명한 사진작가 중 한 명으로 여겨진다.
9. 서구 문명의 위대한 역사에 대한 기록은 알파벳 문자의 조기 발달로 가능해졌다.
10. 성적과 같은 외적인 동기 부여 요인들의 부정적인 영향은 다양한 문화권 출신의 학생들에게서 서류로 입증되어 왔다.

Actual Exercise 2)

1. 팀들은 각각 열두 개의 선수들로 나뉜다.
2. 여성들은 다른 사람들에게 좀 더 인내심이 있고 세심할 것이라 기대된다.
3. 그 선생님들은 학생들의 이름을 받아 적도록 요구되었다.
4. 옥수수와 같은 주요 작물은 충분한 양으로 생산되지 못하고 있다.
5. 그 허구의 이야기는 사실이고, 비극적이며 고통스러운 역사에서 유래된다.
6. 그들의 (사회적)지위는 외부 사람들에게 그들 거주지의 우월한 지역에 의해서 명백해진다.
7. 초콜릿이 냉장고나 냉동고에 보관될지는 모르나, 그것은 이내 다른 음식들의 냄새를 띠게 될 것이다.
8. 그 자료는 왕의 죽음에 대한 소식이 널리 사회적으로 공유되었다는 것을 드러냈다.
9. Kenya에서 농부들은 기초식품 생산을 희생해가면서 차와 커피와 같은 수출 작물을 재배하도록 적극적으로 장려된다.
10. 세계 대부분의 지역에서, 토끼는 고기와 가죽때문에 오랫동안 귀중히 여겨져 왔다.

Actual Exercise 3)

1. is (산업 활동으로부터 나오는 수은의 직접적인 방출에 대한 통제가 예방을 위해 명백히 요구된다.)

2. were laid (그 오믈렛은 신선할 수 없다, 왜냐하면 나는 그 달걀들이 적어도 3주 전에 놓였다는 것을 알기 때문에.)

* v1. lie-laid-lain v3. lay-laid-laid 1형식은 수동태 불가능

3. has been (꿀은 매우 고대 시대부터 사용되어 왔다, 왜냐하면 이것은 초창기 인류가 설탕을 얻을 수 있는 유일한 방법이었기 때문이다.)

4. is accused/ is considered (법에 따르면, 만약 누군가 범죄로 기소되면, 그는 법정이 그 사람이 유죄라고 증명할 때까지 무죄로 여겨진다.)

5. was made (서구 문명의 훌륭한 역사의 기록은 음소 문자의 이른 발전에 의하여 가능하였다.)

6. be paid (내일 기념행사 동안에, 참전용사 집단은 그들의 희생에 대해 참석자들에 의해 경의가 표해질 것이다.)

7. sent (고객들에게 부풀린 고지서를 보낸 한 회사는 연방 법을 위반한 것을 인정하였다.)

8. offered (당신은 그 기념행사에 의해 그 일자리를 제공받았으니까 이제 봉급과, 수당, 그리고 유급휴가에 대해서 질문하기 좋은 때이다.)

9. was later called (지진 후에 다섯 어린이들의 구조는 이후에 수백 명의 다른 무고한 아이들이 같은 재난으로 죽임을 당한 것을 고려할 때 기적으로 불리었다.)

10. had been stripped (로마 제국의 말기까지, 이탈리아는 숲이라는 보호막이 벗겨져왔다.)

11. had been putting (그는 월요일까지 기한이었던 화학 과제를 미뤘었다.)

12. were domesticated (가축들은 고기와 가죽을 위해서, 그리고 농업을 위한 일하는 동물로써 길러졌다.)

13. encouraged (수십 년간, 전문가들로부터의 아이 양육 조언은 밤에 부모로부터 아기를 떼어놓도록 장려했었다.)

Unit 3 2단계: 구(준동사)

A 종류에 따른 준동사의 분류

STEP 1 to부정사

73P

■ to 부정사의 명사적 용법

Exercise 1)

1. 비밀을 유지하는 것은 그다지 쉽지 않다.

2. 수학을 공부하는 것은 재미있지 않다.

3. 나는 1년 이내에 해외여행을 갈 계획을 하였다.

4. 그의 계획은 1년 이내에 해외여행을 가는 것이었다.

5. 세린은 춤추는 것을 배웠다.

Exercise 2)

■ 주어

1. To be /To become (조용히 하는 것이 그를 많이 도울 것이다.)

2. to keep (비밀을 지키는 것은 중요하다.)

■ 보어

1. to be /to become (나의 꿈은 유명한 배우가 되는 것이다.)

2. to go (그녀의 소망은 고향에 가는 것이다.)

■ 목적어

1. to buy (나는 비싼 차를 사기를 원한다.)

2. to go (나는 서커스를 가는 것을 좋아한다.)

Exercise 3)

1. It is very difficult to pronounce the word correctly.
(그 단어를 올바르게 발음하는 것은 매우 어렵다.)

2. It was almost impossible to arrive there in time.
(제 시간에 거기에 도착하는 것은 거의 불가능했다.)

3. It is always exciting to play volleyball at the beach.
(해변에서 발리볼을 하는 것은 항상 흥분된다.)

4. It was not necessary to meet each other.
(서로 만나는 것이 필수적이지 않았다.)

Exercise 4)

1. To swim is fun. (= It's fun to swim.)
2. To swim in the river is fun. (= It's fun to swim in the river.)
3. To read many books is my plan for the vacation. (= It's my plan for the vacation to read many books.)
4. To eat too much is painful. (= It is painful to eat too much.)
5. To help people makes me happy. (= It makes me happy to help people.)

p75

Exercise 4-1)

1. My hobby is to collect coins.
2. To bother him also bothers me.
3. I decided to say (tell) the truth.
4. To see is to believe.
5. To be happy is not related to money.

p76

■ to 부정사의 형용사적 용법

Exercise 1)

1. Danny는 우리에게 거짓을 말할 사람이 아니다.
2. 그녀는 함께 대화를 나눌 사람을 찾는 것을 포기했다.
3. 그들은 밤에 마실 음료들을 사기로 결심하였다.
4. 그녀의 신호는 먹을 무엇인가를 만든다는 것을 의미한다.
5. 제주도에는 방문할만한 많은 장소들이 있다.
6. 그는 관심을 끌 예쁜 무언가를 만들려고 하고 있다.

p77

Exercise 2)

1. things to sell (나는 벼룩시장에 팔 것들을 발견했다.)
2. a bicycle to buy for him (이것은 그를 위해 사 줄 자전거이다.)
3. a sandwich to give my brother (나는 저녁으로 내 남자형제에게 줄 샌드위치 하나를 샀다.)

4. something to make her laugh (그녀는 그녀를 웃게 할 무언가를 찾고 있다.)
5. a club to participate in (그는 일요일마다 참여할 한 동아리에 가입하길 원한다.)
6. a girl to go to sleep (그는 곧 자러 갈 소녀와 춤을 추고 있었다.)

Exercise 2-1)

1. 나는 가지고 쓸 펜을 찾고 있었다.
2. 그 당시에, 그는 팔 만한 무언가가 필요했다.
3. 내가 울고 있을 때, 그는 기대어 울 어깨를 빌려줬다.
4. 나는 일할 화려한 책상을 샀다.

Exercise 3)

1. sit on (그녀는 앉을 의자를 가져왔다.)
2. talk with(to) (그 남자는 이야기를 나눌 누군가를 찾는 중이었다.)
3. X (나는 내 남자형제에게 줄 모든 쿠키들을 다 먹어버렸다.)
4. stay at (우리는 머무를 오두막 집을 발견했다.)
5. look after (그들은 돌볼 아기를 만났다.)

Exercise 3-1)

1. write on (그 선생님은 나에게 적을 종이를 주었다.)
2. travel to (그들은 여행할 장소를 고르고 있다.)
3. party with (나는 파티에 함께 갈 누군가가 필요하다.)
4. care of (Gin은 돌볼 고양이를 가지고 있다.)
5. X (먹을 사과들이 많다.)

Exercise 4) (예시 답안입니다.)

1. I made a hamburger to give her for lunch.
2. We need clean air to breathe.
3. There are no good movies to see.
4. She doesn't have anything to lose.
5. I couldn't choose someone to go to the movies with.

p79

■ to 부정사의 부사적 용법

Exercise 1)

1. 그는 자라서 유명한 사냥꾼이 되었다.
2. 그녀는 많은 돈을 벌기 위해 매일 늦게까지 일한다.
3. 태희는 손수건에 묻은 피를 보고 놀랐다.
4. 나는 나의 선생님에게 사랑을 받기 위해 정직해하고 있었다.
5. 나는 그녀에게 나의 용감함을 보여주기 위해 호랑이들과 싸워야만 했다.
6. 그녀는 어느 날 일어나 보니 그녀의 집이 도둑맞은 것을 발견하였다.
7. 그는 그녀에게 복수하기 위해 약속을 지키지 않았다.
8. 그들은 버스를 놓쳐서 정말로 짜증이 났다.
9. 그녀는 일어나서는 물을 요구했다.
10. 그녀는 대단한 무엇인가를 성취하기 위하여 열심히 일해왔다.

Exercise 1-1)

1. 상을 수상하기 위해 우리는 최선을 다해야만 한다.
2. 처벌 받는 것을 피하기 위해 그들은 실패에 대해 서로를 비난했다.
3. 그는 자라서 아버지가 되었다.
4. 그녀는 이처럼 유명한 배우를 직접 만나서 흥분했다.
5. 그녀를 놀리기 위해, 그는 그녀를 5시간 동안 기다렸다.
6. 그는 지금까지 아무것도 말하지 않은 것으로 보아 슬픈 것이 틀림없다.
7. 그는 그들에게 그의 딸을 돌려받기 위해 돈을 보냈다.
8. 나의 부모는 나와 가까운 곳에 살기 위해 서울로 이동했다.
9. 그녀는 그녀가 가장 좋아하는 가수를 직접 봐서 매료되었다.
10. 그들의 생명을 구하기 위해, 나는 그들과 함께 머무를 것이다.

p81

■ to 부정사 종합 문제

Exercise 1)

1. 명사적 용법(주어) (그가 실패하게 하는 것은 그의 게으름이다.)
2. 부사적 용법(승진하기 위해서, 그는 부지런해야만 한다.)
3. 명사적 용법(주어) (그의 이름을 기억하는 것은 중요했다.)
4. 형용사적 용법 (나는 너에게 물어볼 몇 가지 질문을 가지고 있다.)
5. 형용사적 용법 (Jane은 살 집을 찾고 있다.)
6. 명사적 용법(목적어) (나는 크리스마스에 눈을 보기를 희망한다.)
7. 부사적 용법 (그는 나에게 계획들을 상기시켜 주기 위해서 이 메일 하나를 보냈다.)
8. 부사적 용법 (그녀는 좋은 자리를 차지하기 위해서 일찍 왔다.)
9. 부사적 용법 (그 고양이가 살아있는 채로 발견되어 기뻤다.)
10. 명사적 용법(보어) (나의 직업은 예쁜 인형들을 디자인하는 것이었다.)

Exercise 1-1)

1. 명사적 용법 (목적어) (그들은 잠시 동안 싸움을 멈추는 것에 동의했다.)
2. 명사적 용법 (목적어) (그 비행기는 가까스로 제때에 착륙했다.)

* 목적어가 항상 '을/를'로 해석되는 것은 아니다.

  * manage to: 가까스로 ~하다.

3. 명사적 용법 (보어) (그의 계획은 그녀의 번호를 얻는 것이다.)
4. 명사적 용법 (주어) (외출을 위해 준비하는 것은 나를 행복하게 했다.)
5. 명사적 용법 (보어) (이 모임의 목적은 서로서로 더 잘 알게 되는 것이었다.)
6. 형용사적 용법 (그는 마실 무언가를 필요로 한다.)
7. 형용사적 용법 (청사진을 만드는데 가지고 쓸 펜이 이 가게에서 팔린다.)
8. 부사적 용법 (나는 그에게 다가가기 위해 일어났다.)

9. 부사적 용법 (그는 자라서 위대한 예술가가 되었다.)

10. 부사적 용법 (나는 좋은 기회를 가지게 된 것에 신났다.)

STEP 2 동명사
p82
Exercise 1)

1. Send → Sending /To send

2. Water → Watering /To water

3. travel → traveling /to travel

4. Keep → Keeping /To keep

5. make → making /to make

6. invite → inviting /to invite

7. shop → shopping

 * enjoy는 항상 ing와

8. Study → To study /Studying

9. make → making

 * give up은 항상 ing와

10. do → doing

*put off (미루다) 항상 ing와 미루다의 뜻을 가진 delay, postpone등 도 마찬가지

Exercise 2)

■ 주어

1. To sleep /Sleeping (너무 많이 자는 것은 너를 어지럽게 만들 수 있다.)

2. To wear /Wearing (선글라스를 쓰는 것은 눈을 보호하는 데 도움을 준다.)

■ 보어

1. to play /playing (오늘 밤을 위한 계획은 피아노를 치는 것이다.)

2. to eat /eating (그의 선택은 그의 여자 친구가 아닌, 그의 가족들과 외식을 하는 것이었다.)

■ 목적어

1. having/taking (나는 목욕을 즐겼다.)

2. to read/reading (나는 책을 읽는 것을 좋아한다.)

■ 전치사구

1. having (파티를 하는 것 대신에, 나는 공부했다.)

2. being (너무 늦어서 미안해.)

Exercise 3) (예시 답안입니다.)

1. To exercise /Exercising is important.

2. To study /Studying English is fun.

3. To stay /Staying up all night is difficult.

4. To play /Playing badminton became popular in Korea.

5. To learn /Learning a language means learning another culture.

STEP 3 분사
p85
Exercise 1)

1. a crying boy

2. a boy crying in the street

3. a broken bottle

4. a bottle broken by the(a) teacher

Exercise 1-1)

1. a singing student

2. a student singing in the class

3. a made car

4. a car made in Korea

Exercise 2)

1. mixing (반죽을 하고 있는 요리사는 어려 보인다.)

2. boiled (나는 삶은 달걀을 먹는 것을 좋아한다.)

3. flying (나는 하늘에서 날고 있는 비행기를 보았다.)

4. raised (그녀의 할아버지에 의해 길러진 아이는 그녀의 부모님을 만나는 것을 피한다.)

5. singing (노래를 부르고 있는 소녀들은 매우 매력적이다.)

6. sleeping (나는 자고 있는 아기들을 위해 노래를 불렀다.)

7. living (서울에 사는 그 학생은 시골로 이사하길 원한다.)

8. trained (전설적인 코치에 의해 훈련받은 그 운동선수는 경기에서 그의 가능성을 보여줬다.)

Exercise 2-1)

1. dancing (나는 계속해서 춤추는 소녀를 힐끗 봤다.)
2. made (그는 일본에서 만들어진 모든 것들을 좋아한다.)
3. looking (빌딩을 쳐다보고 있는 소녀는 곤경에 처한 것처럼 보인다.)
4. carried (주인에 의해 옮겨지는 그 개는 계속해서 짖었다.)
5. filled (그녀는 오렌지로 채워진 사발을 떨어뜨렸다.)
6. reading (책을 읽고 있는 소년은 나의 남자형제이다.)
7. Roasted (볶은 커피 원두는 좋은 냄새가 난다.)
8. read (사람들에 의해 읽혀진 해리포터 시리즈는 흥미롭다.)

   * (read-read-read)

p88

Exercise 3)

1. confusing (그 혼란을 주는 규칙은 많은 문제를 만든다.)
2. changed / confused (그 변경된 계획은 그들을 혼란스럽게 만들었다.)
3. annoying (내 생각엔 그녀는 짜증나는 여자이다, 왜냐하면 그녀는 나를 항상 방해하기 때문이다.)
4. annoyed (내 생각엔 그녀는 짜증날 것이다. 왜냐하면 내가 뜨거운 커피를 그녀에게 쏟았기 때문이다.)
5. excited (그 콘서트는 청중들을 흥분되게 만들었다.)
6. shocked (그녀는 그 시체를 보고 큰 충격을 받았다.)
7. shocking (그 뉴스는 충격적이었다.)
8. moving (그 이야기는 매우 감동적이다.)
9. moved (그는 그 이야기를 듣고 매우 감동 받았다.)

Exercise 4)

1. send → sent (Kelly로부터 보내진 편지는 어제 도착하였다.)
2. sit → sitting (뒷좌석에 앉은 남자는 어떤 소리도 들을 수가 없었다.)
3. use → using (집에서 인터넷을 쓰는 학생들은 많은 교육적 이점이 있을 것이다.)
4. surprise → surprised (엄마는 나의 A+영어성적에 놀랐다.)

5. show → shown /showed (그에 의해서 우리에게 보여진 사진들은 아주 훌륭했다.)
6. excite → exciting (어젯밤 축구경기는 아주 흥미진진 하였다.)
7. influence → influenced (대중매체에 영향을 받은 몇몇 여자들은 그들의 외모에 대해서 불행하게 됐다.)
8. boring → bored (폴은 TV뉴스프로그램에 의해 지루하게 되었다.)
9. interest → interesting (그 파티의 보드게임은 아주 흥미로웠다.)

B 준동사 역할에 따른 분류
p90
STEP 1 명사적 용법

Exercise 1)

1. to be (너는 항상 정직한 것을 배워야 한다.)
2. having (나는 그와 저녁식사를 정말로 즐겼다.)
3. stealing (그 학생은 학급친구로부터 교과서를 훔친 것을 부인하였다.)
4. to adopt (Cathy는 두 아이들을 입양하기로 선택했다.)
5. getting (나는 그녀처럼 높은 성적을 받는 것을 포기했다.)
6. to carry (나는 그렇게 무거운 가방을 들고 다니길 거부했다.)
7. to have (그는 항상 부유한 부모님이 있는 척 한다.)
8. facing (Chandler는 오늘 아침에 그녀를 마주하는 것을 피했다.)
9. to reduce (우리 모두는 우리의 예산을 줄이는 것에 동의했다.)
10. keeping (그는 그의 차를 유지하지 않을 것을 고려했다.)

Exercise 1-1)

1. to save (그 천사는 그 악마를 구하지 못했다.)
2. to think (그들은 한 주제에 대해 사고를 달리하는 방법을 배웠다.)
3. taking (Ben은 그의 여자친구와 요가수업에 가는 것을 연기했다.)

4. to see (그의 부모는 그들의 외동아이를 곧 보기를 기대한다.)

5. to pretend (그는 계속해서 행복한 척하기로 결심한다.)

6. doing (그 가족의 모든 구성원들은 방금 막 세탁하는 것을 마쳤다.)

7. worrying (그 못생긴 작은 소녀는 이제 막 그녀의 높은 인기에 대해서 걱정하는 것을 끝냈다.)

8. to finish (그녀는 그녀의 높은 인기에 대해 걱정하는 것을 끝내기로 결정했다.)

9. turning (당신의 라디오를 소리를 줄여도 될까요?)

10. to teach (나는 내 남동생에게 일주일에 3번씩 수학을 가르치기로 동의했다.)

Exercise 2)

1. to keep(keeping) (그녀는 그와 지속적으로 연락을 했다.)

2. to play(playing) (나는 농구하는 것을 좋아한다.)

3. To make(Making) (케이크를 만드는 것은 시간이 많이 걸린다.)

4. to buy (Lilly는 꽃집에서 꽃을 사기 위해 멈췄다.)

5. to reform(reforming) (내 취미는 그녀의 옷을 리폼 하는 것이다.)

6. punishing (그의 엄마는 어제 그를 심하게 혼낸 것을 잊어버렸다.)

7. winning (나는 한 경기에서 우승했던 것을 기억한다.)

8. To read(Reading) (신문을 매일 읽는 것은 아이들에게 매우 좋다.)

9. learning (나는 피아노를 배우는 것을 그만뒀다.)

10. to hurt (나는 그녀에게 상처 줄 것을 의도하지 않았지만, 마침내 울리고 말았다.)

STEP 2 형용사적 용법
p92
Exercise 1)

1. a sleeping child

2. a child to sleep

3. a boy eating breakfast

4. a boy to eat breakfast

5. a man carrying books

6. a carried book

7. a book to be carried

Exercise 1-1)

1. a singing girl

2. a girl to sing

3. a man eating a hamburger

4. a man to eat a hamburger

5. spilt /spilled beans

6. beans to be spilt/spilled

p93
▌ 준동사 종합문제
Exercise 1)

1. To find(Finding) (진정한 친구를 찾는 것은 매우 힘들다.)

2. built (지난달에 지어진 집은 아직 팔리지 않았다.)

3. to have (구체적인 계획을 갖는 것은 중요하다.)

4. lying (침대에 누워있는 소녀는 엄마로부터 온 편지를 읽었다.)

5. To quit(Quitting) (담배를 끊는 것은 당신의 삶을 향상시킨다.)

6. made (저예산으로 만들어진 영화는 아주 흥미로웠다.)

7. to use (성공으로 가는 열쇠는 시간을 효과적으로 활용하는 것이다.)

8. injured (그 사고에서 부상을 당한 승객들은 병원으로 보내졌다.)

9. standing (그 피아노 옆에 서있는 남자는 나의 음악 선생님이다.)

10. To do(Doing) (규칙적인 운동을 하는 것은 건강에 좋다.)

Exercise 1-1)

1. keeping (정규직인 많은 근로자들은 새로운 기술들을 배우고 싶어한다.)

2. Thinking(To think) (긍정적으로 사고하는 것은 당신의 인생에 많은 변화를 가져올 수 있다.)

3. climbing (그 벽을 올라가고 있는 도둑은 경찰에게 잡힐 것이다.)

4. supplied (라디오나 TV를 통해서 제공되는 정보가 항상 정확한 것은 아니다.)

5. made (한국에서 생산되는 많은 차들이 미국에서 인기가 있다.)

6. standing (그 문에 서있는 직원은 당신에게 몇 가지 정보를 줄 수 있다.)

7. named (헤밍웨이라고 이름 붙여진 사람은 많은 훌륭한 소설을 썼다.)

8. playing (기타를 치는 그 남자는 돈을 구걸했다.)

9. repairing (그 차를 고치는 남자는 나를 보지 못했다.)

10. suffering (컴퓨터 게임 중독을 겪는 사람들은 의학적 치료가 필요하다.)

Exercise 1-2)

1. to sit (나는 앉을 무언가를 찾고 있다.)

2. living (시골에 사는 그 소녀는 빠르게 달린다.)

3. to be (나는 자라서 피아니스트가 됐다.)

4. learning to play (나는 기타를 치는 것을 배우는 데 관심이 있다.)

5. sleeping (나는 자고 있는 소녀를 깨웠다.)

6. to drink (나는 그와 함께 마실 무언가를 샀다.)

7. knitting (머플러를 짜고 있는 나이든 여성은 나의 할머니이다.)

8. to go(going) (나의 계획은 오늘밤에 파티에 가는 것이다.)

9. bought (진수에 의해 구매된 그 선물은 그의 여자 형제를 위한 것이다.)

10. To do(Doing) (올바른 일을 하는 것은 삶에서 필수적이다.)

p95

◆ 준동사 실전 독해연습

Actual Exercise 1)

1. 100명의 디자이너에 의해 제작한 작품들이 전시될 것이다.

2. 이 악기를 만드는 전 과정은 약 한 달 정도 걸린다.

3. 읽기 장애가 있는 아이들은 그들 스스로 똑똑하다고 여기는 것이 어렵다고 본다.

4. 우리 청취자들의 증가하는 요구사항을 충족시키기 위해 우리 앱에 세 가지 새로운 기능을 추가했다.

5. 그녀는 그녀의 손님에게 그가 가져갈 케이크를 구워 주기로 결심했다.

6. 각각의 농부들은 마을 근처에 산재한 작은 몇몇의 땅들을 소유하고 있다.

7. 나는 나뭇가지 사이에서 움직이는 토종의 새, 원숭이 및 도마뱀들에게 매혹되었다.

8. 그 화산은 완전히 분출을 멈추었고 동면상태가 되었다.

9. 만성 통증에 의해 고통 받는 사람과 함께 일한 나의 경험은 결코 잊히지 않을 것이다.

10. 참가자들은 모래에 숨겨진 공룡 뼈를 찾아서 그것들을 조립할 것이다.

Actual Exercise 2)

1. 적은 노력으로 얻어진 것들은 쉽게 잃어버린다.

2. '용기'라는 단어는 추가적인 의미를 띤다.

3. 부모들은 자기 자식들을 먹이기 위해서 기꺼이 자신의 음식을 포기할 것이다.

4. 숙련된 작가들은 언제나 토론하는 분위기에서 글을 쓴다.

5. 모든 상황 아래서 용감할 수 있는 것은 강한 결단력을 필요로 한다.

6. 미국을 냉각시키는데 사용되는 에너지의 양은 아마도 오늘날 중국에서 사용되는 모든 양의 에너지와 맞먹을지도 모른다.

7. 그 책은 그를 이탈리아 미술 세계에서 가장 존경 받는 사람으로 만들어주었다.

8. 이 디지털 시대에, 어떻게 사진을 효과적으로 사용하는지를 아는 것이 더 중요하다.

9. 너는 그것을 더 낫게 만드는 방법에 대한 통찰력 있는 제안을 받을 것이다.

10. 유명한 작가에 의해 쓰인 책이 항상 좋은 책인 것은 아니다.

Actual Exercise 3)

1. 그들은 회사의 비용과 줄어드는 수입에 대해 논의했다.

2. Kim은 그녀가 기존 고객들과, 몇몇 사진들, 그리고 문서들을 유지하도록 하는 것에 동의하였다.

3. 거친 바다들을 여행하는 배는 12개의 화물 컨테이너들을 잃어버렸다.

4. 밝게 색이 입혀진 오리와, 개구리, 그리고 거북이들은 태평양 한 가운데 표류하고 있었다.

5. 나는 불편한 고요함이 잇따른 그 공기 안에서 갑작스런 오싹함을 느꼈다.

6. 옥수수는 현재 지구상에서 가장 널리 심어진 곡물들 중에 하나이다.

7. 전통적인 방식을 사용하는 사람들은 효과적으로 경쟁할 수 없었다.

8. 학생들에 의해 제출된 그림, 도기 작품, 그리고 사진이 전시될 것이다.

9. 우리는 단지 무언가 씹을 것이 필요해서 쿠키를 먹을지도 모른다.

10. 만약 우리가 붐비는 도로 정체를 줄일 계획을 하고 있다면, (실행)하기에 가장 가능성 있는 것은 도로를 단순히 넓히는 것이다.

Actual Exercise 4)

1. 나는 그에게 뚜껑 달린 박스로 만들어진 둥지 하나를 제공하였다.

2. 그러한 행동은 마치 여전히 감염된 상처를 닫는 것과 같다.

3. 걱정은 모든 종류의 정신적 행위에 해로운 영향을 미친다.

4. 요즘 인터넷에 게재된 루머들은 흔히 즉각적으로 사실화되게 한다.

5. 최상의 경험은 탑 위에 떨리는 손가락으로 마지막 블록을 얹는 것일 수도 있다.

6. 많은 사람들이 미래를 위한 경험을 보존하기 위해 수많은 사진을 찍는다.

7. 와이트(Whyte)에 의해 관찰된 사람들 사이에서 가장 흔한 행동은 다른 사람들을 쳐다보는 것으로 드러났다.

8. 사적인 대화를 하는 사람들이 인도 가운데에 서 있곤 했다.

9. 그녀의 마음은 고통 받는 어머니에 대한 연민으로 감동받았다.

10. 부정확하게 표현된 개념은 단순한 사실보다 청자나 독자에게 더 지적으로 자극적일지도 모른다.

Actual Exercise 5)

1. 이 임금으로 기꺼이 일하려는 노동자들의 수가 요구되는 직원들의 수를 훨씬 초과했다.

2. 나는 내가 10대 때 가정용 영화 카메라로 짧고, 이상한 영화를 만들었던 것을 기억한다.

3. 한 번에 여러 가지를 하는 인간에 대한 개념이 1920년대 이래로 심리학자들에 의해 연구되어 오고 있다.

4. 제나(Jenna)는 가게에서 그녀를 향한 한 직원의 차별적인 대우에 대해 그들에게 알리는 사려 깊은 편지를 인사과에 썼다.

5. 한 조직 안에 다양성과 다문화를 관리하도록 요구된 것들 중 하나는 그 본성과 그것들의 의미를 이해하는 것이다.

6. 전국의 지역 환경 단체들은 주택 소유주들이 그들의 오래된 가솔린 엔진 잔디 깎기 기계나 전기 장비들을 보상판매 할 수 있는 프로그램을 마련해오고 있다.

7. 결정을 한 후에 우리의 대안들을 재평가하는 것이 취해진 행동에 대한 우리의 헌신을 증가시키고 계속해서 우리가 앞으로 나갈 수 있도록 한다.

8. 소위 모차르트 효과라고 하는 것 – 모차르트의 음악을 듣는 것이 당신의 아이를 더 똑똑하게 만들어줄 것이라는 것은 연구에 의해 보장된 것이 아닌 과대광고를 통하여 미디어에 의해 버려지고 있는 과학적 혁신의 좋은 예이다.

Unit 4   2단계: 준동사 심화학습
A   남아있는 동사의 기능
p105
STEP 1 빈번하게 쓰이는 의미상의 주어

Exercise 1)

1. yelling (나는 누군가가 그녀에게 소리 지르는 것을 들었다.)

2. to visit (Mike는 그의 아들이 그의 할머니 집에 방문하기를 원한다.)

3. to come (그녀는 우리들이 어느 한날 그녀의 집으로 오도록 요청했다.)

4. enter (나는 나의 과학 선생님이 학교 근처의 식당으로 들어가는 것을 보았다.)

5. play (나의 부모님은 내 남자형제가 밤에 친구들과 노는 것을 허락하지 않았다.)

6. to guess (나는 그가 나의 나이를 맞추길 기대했다.)

7. happen (몇몇 사람들은 꿈에서 뭔가가 일어나는 것을 본다.)

8. stay (한 잔의 커피는 사람들이 책을 읽을 때 더욱 집중하게 도와준다.)

9. known (너는 너의 생각과 감정들이 다른 사람들에게 알려지도록 해야 한다.)

10. to make (그의 참여는 많은 이들로 하여금 온라인에서 기부를 하도록 북돋았다.)

Exercise 2)

1. pulled (그는 그의 썩은 이가 오늘 오후에 뽑히도록 했다.)

2. to visit (나는 나의 미국에 있는 사촌이 이번 여름에 내 집을 방문할 것을 기대한다.)

3. to do (그는 시민들이 열심히 일하도록 강요했다.)

4. laugh (그는 관객들이 계속 웃게 만들었다.)

5. strong (같이 먹는 것은 가족의 유대감을 강하게 만들어준다.)

6. removed (대부분의 사람들은 그들의 사랑니가 제거되게 한다.)

7. to change (이 규제는 많은 회사들이 그들의 방식을 바꾸도록 강요했다.)

8. kept (이 규칙들은 그 마을이 유지되도록 도왔다.)

9. work(to work) (제대로 된 밤 잠은 너의 피곤한 눈이 다시 적절히 작동하도록 도와줄 것이다.)

10. going(go) (아무도 그녀가 그녀의 침실로 올라가는 것을 보지 못했다.)

p107

◆ 빈번하게 쓰이는 의미상의 주어 실전 독해연습

Actual Exercise 1)

1. 그녀는 그녀의 몸이 뻣뻣해짐을 느꼈다.

2. Steve는 여전히 그의 눈에서 실망감이 불타고 있는 것을 볼 수 있었다.

3. 너는 내가 네가 굶어 죽는 것을 보기를 원하니?

4. 당신은 당신의 일이 숙련된 전문가들에 의해서 평가되게 할 것이다.

5. 나는 물 속에서 무언가가 나에게 다가오는 것을 보았다.

6. 우리 도시는 시내에 위치한 단 하나의 소방서를 가지고 있다.

7. 칭찬은 아이들이 한 행동을 계속하도록 격려할지도 모른다.

8. 그녀는 한 집단의 학생들이 학교 운동장에 모여 있는 것을 알아차렸다.

Actual Exercise 2)

1. 여성들은 그들 스스로가 친척들에 의해 둘러싸인 것을 발견한다.

2. 카메라 렌즈를 통해 보는 것은 그가 장면으로부터 떨어지게 했다.

3. 너의 생각들을 조사해라, 그러면 너는 그것들(너의 생각들)이 과거나 미래에 완전히 열중해 있다는 것을 발견하게 될 것이다.

4. 살림벌채는 토양이 가혹한 날씨에 노출되도록 남겼다.

5. 소매상들은 쇼핑객들이 그들의 구매품들이 선물 포장되도록 부추겼다.

6. 당신의 자동차 엔진의 단 하나의 구성요소의 고장도 네가 견인차를 요청하도록 강요할 수 있다.

7. MP3 기술의 성장하는 인기는 몇몇의 회사들이 소비자 맞춤형 음악 라이브러리를 저장하려는 욕구를 충족시킬 MP3플레이어를 개발하는 것을 가능하게 해왔다.

8. 독일의 가장 어린 콘서트 기획자가 오페라 하우스를 설득해 미국의 피아니스트인 Keith Jarrett의 즉흥 재즈 연주의 심야 콘서트를 주최했던 것이다.

p110

STEP 2 to부정사에 남아있는 동사적 기능

Exercise 1)

1. 부정 (나는 이기적이지 않게 되는 법을 배웠다.)

2. 부정 (그는 항상 우스꽝스럽게 되지 않기 위해 노력했다.)

3. 의미상의 주어, 부정 (잠시 동안 그녀가 그에게 문자 메시지를 보내지 않는 것은 매우 어려운 일이다.)

4. 자체 목적어 (그들은 그 아이를 사랑하는 척했다.)

5. 수동태 (그녀는 선생님에 의해 도움 받아야 했다.)

Exercise 1-1)
1. 의미상의 주어 (그가 그렇게 예쁜 소녀와 데이트하는 것은 대단한 것이었다.)
2. 부정 (그는 항상 부자가 아닌 것처럼 행동했다.)
3. 의미상의 주어, 수동 (민이 그곳에 보내지는 것은 끔찍한 일이었다.)
4. 시제 (그의 가족들은 행복했었던 것처럼 보였다.)
5. 자체목적어 (그들은 비밀을 지키는 것이 힘들다는 걸 알았다.)
6. 의미상의 주어 (그들이 그녀의 지휘를 따르는 것은 현명했다.)

Exercise 1-2)
1. 수동태 (나는 혼사 남겨지길 원한다.)
2. 의미상의 주어 (우리가 가만히 앉아서 아무것도 하지 않는 것은 거의 불가능하다.)
3. 수동태 (그는 나약하다고 여겨지는 것을 원하지 않을지도 모른다.)
4. 부정 (그는 그의 요청을 받아들이지 말라고 조언 받았다.)
5. 수동태 (그녀는 이기도록 동기부여 되는 경향이 있다.)
6. 의미상의 주어 (내가 여가 시간을 보낼 영화관, 도서관, 공원 같은 많은 장소들이 있다.)

STEP 3 동명사에 남아있는 동사적 기능
p113

Exercise 1)
1. 자체 목적어 (나는 내 아이들을 교회에 보내는 것을 싫어한다.)
2. 의미상의 주어, 자체 목적어 (나는 그가 나의 아이들을 교회에 보내는 것을 싫어한다.)
3. 수동태 (나는 교회에 보내지는 것을 싫어한다.)
4. 수동태 (그들은 거절되는 것을 두려워한다.)
5. 시제 (Sara는 그녀의 어머니로부터 돈을 훔쳤던 것을 인정했다.)
6. 의미상의 주어 (그의 어머니가 그를 만지자마자, 그는 잠들었다.)

Exercise 1-1)
1. 의미상의 주어 (나는 그녀가 나에게 엽서를 준 것을 부인하였다.)
2. 의미상의 주어, 수동태 (그 소년들은 공원 내에 벽이 핑크색으로 칠해지는 것에 반대한다.)
3. 시제 (나는 내 자신이 이와 같은 훌륭한 결정을 했다는 것에 대해서 기분이 좋다.)
4. 의미상의 주어 (나는 시험이 끝난 것 때문에 기뻤다.)
5. 의미상의 주어, 시제 (나는 그가 어제 나갔었던 것을 확신한다.)
6. 수동태 (그 영화는 독창적인 시도에 근거해서 많은 관심을 받아오고 있다.)
7. 수동태 (그는 그의 전 부인에 대해 반복적으로 물어지는 것에 대해 화가 났다.)

p115

◆ 준동사 심화 실전 독해연습
Actual Exercise 1)
1. 몇몇의 소녀들은 사탕이 제공되지 않은 것에 대해서 화가 났다.
2. 일부 채식주의자들이 동물들이 죽임을 당하는 것에 반대했다.
3. 나는 그날 밤 나의 어머니가 우리들을 깨웠던 것을 기억한다.
4. 그녀는 자원봉사자들에 의해서 도움을 받아야 했다.
5. 당신은 두 가지 모두에 똑같이 능숙해야 한다.
6. 나는 그가 무엇을 말하든 완전히 믿지는 않는 경향이 있다.
7. 125년이 넘지 않는 어떤 출판물이라도 판권 상태가 확인되어야 한다.
8. 정보는 측정되고, 평가되고, 값이 매겨지는 인정받는 독립체가 되었다.
9. 그 프로그램은 우리 학생들이 즐거운 시간을 보내며 새로운 것을 경험할 수 있는 훌륭한 기회가 될 것입니다.

Actual Exercise 2)
1. 비스코티(Biscotti)는 콜럼버스가 가장 좋아했던 것으로 전해진다.

2. 나폴레옹(Napoleon)은 워털루 전투에서 졌던 것으로 알려져 있다.

3. 대단한 변화가 일어났던 것처럼 보였다.

4. 그는 그녀가 그를 사랑하도록 허락되길 원한다.

5. 이기심은 약간의 이타심에 의해 균형 잡혀질 필요가 있다.

6. 편지에서 Cassady는 Adams에게 초기에 거절을 당하더라도 낙심하지 말라고 조언했다.

7. 현재 인기 있는 태도는 오늘날 환경적인 문제를 초래했던 것에 대해 기술과 기술자들을 비난하는 것이다.

8. 먼 마을을 방문한 결점 없는 예의범절로 유명한 한 남자에 대한 오랜 일본 전설이 있다.

9. 소수 집단은 많은 힘이나 지위를 가지고 있지 않은 경향이 있고 심지어 말썽꾼, 극단주의자, 또는 단순히 '별난 사람'으로 일축될 수도 있다.

B 준동사 관용표현

STEP 1 to 부정사의 관용표현
p118

Exercise 1)

1. 그는 너무 가난해서 아무것도 살 수 없다.

2. 그녀는 모델이 되기에 충분히 키가 크다.

3. 우리는 빨리 떠나기 위하여 일찍 일어났다.

4. 나는 매우 운이 좋아서 그 시험을 통과했다.

Exercise 2)

(예시 답안입니다.)

1. She was too upset to stand still.

2. I was so sick as to cancel my appointment.

3. I bought new clothes so as(in order) to meet her.

4. He is fast enough to cast behind cars.

STEP 2 동명사의 관용표현
p119

Exercise 1)

1. 나의 가족은 지난주에 낚시하러 갔다.

2. 나는 나의 부모님께 복종하지 않을 수 없다.

3. 그녀에게 식사를 거르는 일은 불가능하다.

4. 너의 목숨을 구걸해도 소용없다.

5. 나는 항상 무엇인가를 먹고 싶다.

6. 그는 그의 여자 친구와 결코 행복하지 않다.

7. 너는 길을 건널 때 조심해야 한다.

8. 그녀의 선생님을 보자마자, 숨으려고 했다.

9. 나는 편지를 씀으로써 그녀에게 나의 잘못을 사과하기 위해 노력했다.

10. 나는 그녀에게 차를 사주는데 모든 나의 돈을 낭비했다.

11. 그들은 강당을 청소하는데 어려움을 겪는다.

12. 그녀는 많은 고객들과 상담하느라 바쁘다.

Exercise 2) (예시 답안입니다.)

1. Upon entering the house, he called her.

2. I am so busy playing with my friends.

3. I don't feel like going on a blind date.

4. There is no eating the(that) food.

5. I couldn't help sleeping at that time.

6. I went shopping with Mattew.

7. He is far from (being) handsome.

8. I expressed my anger by crying.

9. Searching the internet is essential in choosing a restaurant.

10. It is no use crying.

11. I spent all my time doing the homework.

12. During my childhood, I had difficulty (in) making friends.

Exercise 2-1) (예시 답안입니다.)

1. Upon turning on the computer, she wrote an e-mail.

2. I am so busy working every day.

3. I don't feel like meeting her now.

4. There is no sleeping here.

5. I couldn't help agreeing with you.

6. I went dancing with Jason yesterday.

7. He is far from (being) angry.

8. I released my stress by spending money.
9. Openness is necessary in refusing.
10. It is no use pretending to sleep.
11. I wasted all my time playing that game.
12. I had difficulty (in) persuading her.

p123

◆ 준동사 관용표현 실전 독해연습

Actual Exercise 1)

1. 이것은 너무 친밀한 서비스여서 낯선 사람에게는 제공할 수 없을 것처럼 보였다.
2. 레일리(Railey)는 그녀의 대부분의 시간을 젊은 여성들이 과학과 수학을 공부하도록 격려하는데 보냈다.
3. 그 가방은 많은 식료품을 담을 만큼 충분히 튼튼하다.
4. 그가 깊은 절망을 묘사할 때 혼자가 아니였다.
5. 나는 그에게 따뜻한 식사와 그 날 묵을 곳을 얻을 수 있는 충분한 돈을 주었다.
6. 그녀는 너무 골격이 커져서 전문 발레댄서가 될 수 없었다.
7. 많은 회사들이 도서관에서 기술책이나 과학책을 얻는데 큰 어려움을 가진다.
8. 결과를 듣자마자 Dave는 Steve에게 가서 악수를 하면서 그에게 축하를 했다.
9. 이것은 회사들이 '고객의 목소리'를 듣느라 바쁠 때 매우 흔하다.

Actual Exercise 2)

1. 그 구멍은 너무 작아서 침입자가 들어갈 수 없다.
2. 수소는 우주로 빠져나가기 충분히 가볍다.
3. 각각의 파트너는 무엇이 상대방을 기쁘게 할지 알아내려고 노력하는데 어려움을 느낀다.
4. 여행자들을 편하게 하는 것은 그 비용이 값어치가 있을 만큼 충분한 이익을 제공할지도 모른다.
5. 미래의 중요성을 부인하는 사람은 없다.
6. 나는 너무 어려서 엄마의 감정을 이해할 수 없었다.
7. 과학은 미래를 만들고, 국가들은 미래 과학자들을 만드느라 바쁘다.
8. 그들의 직원들에게 더 자주 보이게 됨으로써, 사업 지도자들은 신뢰를 쌓는 과정을 시작한다.

9. Keith는 충분한 음량이 발코니에도 도달하도록 하기 위해 정말로 그 피아노를 아주 세게 연주해야만 했다.
10. 그들은 이미 초과 인출된 환경 자원의 계좌에서 너무 심하게, 너무 빠르게 인출하고 있어서 그 계좌를 지급 불능으로 만들지 않고서는 먼 미래까지 감당할 수 없다.

Unit 5   3단계: 절

STEP 1   명사절을 이끄는 접속사

p127

Exercise 1)

■ 주어
1. That (그가 그녀를 만났다는 것은 샌디를 화나게 만들었다.)
2. What (그를 슬프게 만든 것은 바로 그녀의 메시지였다.)
3. Whether (그가 피곤할지 아닐지는 그녀의 결정에 달려있다.)

■ 보어
1. that (그녀의 계획은 그녀가 파티를 여는 것이었다.)
2. that (그의 최근 문제는 그의 선생님이 그를 싫어하는 것 같다는 것이었다.)

■ 목적어
1. that (나는 그가 관대해지길 바란다.)
2. what (나는 내가 그에게서 원하는 것을 정확히 말했다.)

Exercise 1-1)

■ 주어
1. That (여전히 부모님들께 의존한다는 것은 수치이다.)
2. What (내가 너를 위해서 할 수 있는 일은 그저 나의 관심을 지속적으로 주는 것이다.)

■ 보어
1. what (그 기회는 내가 오랫동안 원해왔던 것이다.)
2. that (심각한 문제는 많은 아이들이 스마트 폰 게임에 중독되었다는 것이다.)

■ 목적어
1. whether (그녀는 그가 그 집을 팔았는지 궁금해하고 있다.)
2. that (그는 그 영화는 지루했다고 나에게 말해주었다.)

p128

Exercise 1)
■ 주어
1. When (내가 그를 언제 만났는지가 그들에게 중요하다.)
2. Why (내가 그를 왜 만났는지가 그들에게 중요하다.)
3. How (내가 그를 얼마 동안 만나왔는지가 그들에게 중요하다.)
■ 보어
1. how (핵심은 이것이 얼마나 많은 비용이 드는지 이다.)
2. when (그의 질문은 언제 인수가 그녀를 만났었는지 였다.)
■ 목적어
1. whose (나는 그에게 이것이 누구의 책인지 말해줬다.)
2. what (나의 표정은 내가 정말로 원하는 것이 무엇인지를 보여줬다.)

Exercise 1-1)
■ 주어
1. Who (누가 대통령이 될지는 우리들의 선택에 달려있다.)
2. Which (그가 어떤 색을 고르는지가 규칙을 바꿀 수 있다.)
■ 보어
1. how (문제는 어떻게 그가 초대장을 받았는지다.)
2. which (결과는 그들이 어떤 옵션을 선택하는 지에 달려있다.)
■ 목적어
1. why (내 딸은 왜 하늘이 푸른색인지 궁금해 하고 있었다.)
2. how (나는 그가 어떻게 수학에 관심을 갖게 된지 안다.)

Exercise 2) (예시 답안입니다.)
1. Where I met him is important for(to) them.
2. How I met him is important for(to) them.
3. How often I meet him is important for(to) them.
4. The truth is that his alibi was faked.
5. That his alibi was faked is the truth.

Exercise 2-1) (예시 답안입니다.)
1. I don't know why he trusts me so much.
2. The fact is that he refused her proposal.
3. I want that he will be happy soon.
4. What I want to know is whether he's eligible for the work.
5. My grandmother told me that honesty is important.

Exercise 3)
1. Whether (그 정보가 정확한지 아닌지는 아주 중요하다.)
2. which (그녀는 나에게 그것들 가운데서 어떤 것을 가장 좋아하는지 물었다.)
3. if (그녀는 그에게 그가 그녀의 생일파티에 올 것인지를 물었다.)
4. when (그녀는 나에게 언제 제2차 세계 대전이 유럽에서 발발했는지를 물었다.)
5. What (필요한 것은 너의 현명한 결정이다.)
6. which (나는 어떤 것을 선택해야 할지 모르겠다.)
7. Whether (어머니가 나아질지 아닐지가 나를 걱정되게 만든다.)
8. that (나는 내일이 다른/새로운 날이 될 것이라는 것을 믿는다.)
9. what (나는 어떤 정보를 네가 필요로 하는지 궁금했다.)
10. How (네가 너의 시간을 어떻게 사용하는지가 너의 행복을 (결정하는) 요소가 될 것이다.)

Exercise 4)
1. what (그의 계획은 그녀가 나와 결혼하도록 하는 것이다.)
2. that (나는 그가 곧 행복해지길 바란다.)
3. that (Linz는 다른 이들에게 귀 기울이는 것이 우리 스스로를 돕는 일이라고 말했다.)
4. that (상황은 그가 이미 그녀에게 청혼했던 것처럼 보였다.)
5. that (그의 가장 큰 문제는 그의 아들이 문제아라는 것이다.)
6. what (나는 항상 당신이 내가 무엇을 하라고 조언한 것을 염두에 두고 있다.)
7. why (나는 Kim이 왜 나를 그렇게 신뢰했는지 모른다.)
8. whether(if) (Linzy는 그가 그녀를 파티에 데려갈지 궁금해 했다.)

9. what(which) (그들은 나에게 어떤 디자인을 선호하는지 물어봤다.)
10. that (엄마는 나에게 노인들을 공경하는 것은 중요하다고 말했다.)
11. that (그의 의견은 그의 수업을 듣는 모든 이가 이 회의에 출석해야 한다는 것이다.)

p132

◆ 명사절을 이끄는 접속사 실전 독해연습

Actual Exercise 1)

1. 나는 어떻게 위원회가 그렇게 터무니없는 제안을 받아들였는지 궁금하다.
2. 그녀는 나에게 그녀가 그녀의 어머니의 생일파티를 위해 무엇을 계획하고 있는 지 말해줬다.
3. 나를 화나게 한 것은 그의 태도이지, 그의 계획 그 자체는 아니다.
4. 오직 그 의사만이 베스(Beth)가 정말 얼마나 아팠는지 알았다.
5. 그녀는 삶에서 정말 중요한 것들이 무엇인지를 이해했다.
6. 나는 그에게 어떻게 그가 세 명의 아이들을 입양했었는지 물었다.
7. 그가 심한 고통 속에 있다는 것이 그가 얼마나 많이 그녀를 사랑해왔는지를 입증한다.
8. 그 의사는 왜 그 환자가 아픈지 찾아내야만 한다.
9. 몇몇의 생물학자들은 얼마나 다른 종류의 동물들이 사는지에 흥미를 가진다.

Actual Exercise 2)

1. 그는 정확히 어디에 특정 약초가 발견될 수 있는지를 묘사했다.
2. 너의 초점은 네가 나중에 얼마나 훨씬 더 재미있게 보낼지에 있다.
3. 그들은 그들이 약간의 휴식이 필요하다고 생각하기 시작했다.
4. 승자와 패자사이의 한 가지 차이점은 어떻게 그들이 실패를 다루는가에 있다.
5. 그들은 얼마나 많을 친구들을 그 조용한 소년이 사귀었는지에 놀랐다.

6. 내가 말하려고 하는 것은 브룩(Brook)이 제인(Jane)을 정말 좋아한다는 것이다.
7. 이 모두가 왜 네가 특정한 사람과 사랑에 빠지는지 설명해주지 않는다.
8. 왜 Tim이 매우 유능하고 사랑받는지를 알아내는데 오래 걸리지 않았다.
9. 과학자들은 왜 현상들이 일어나는지를 알아내기 위해 자연계를 연구한다.
10. 가장 정상적이고 유능한 아이라 할지라도 살면서 극복할 수 없는 문제들처럼 보이는 것을 만난다.

STEP 2 형용사절을 이끄는 접속사
p135

Exercise 1)

1. Tom은 대회에서 일등상을 탄 남자이다.
2. 나는 책을 싸게 파는 서점을 안다.
3. 나는 그녀가 작년에 쓴 책을 읽기를 원한다.
4. 한 부유한 여자는 Picasso에 의해 그려진 그림을 샀다.
5. 나는 농구선수가 되길 원하는 소년을 도울 것이다.
6. 포레스트 검프는 내가 가장 좋아하는 영화이다.
7. 그는 테이블에 있던 빵을 먹었다.
8. 그는 그를 싫어하는 소녀를 좋아한다.
9. 나는 이름이 William인 좋은 친구가 있다.
10. Tony는 부모님이 매우 부유한 여자와 데이트 중이다.

Exercise 1-1)

1. Jane은 그가 사랑에 빠진 여자이다.
2. 나는 엄마가 영어 선생님인 한 소녀를 안다.
3. 너는 이 지역에 사는 동물들을 사냥할 수 없다.
4. Johnson은 내가 지난밤에 만난 남자이다.
5. Juliet은 내가 만나기를 원하는 소녀이다.
6. 그는 창문이 모두 깨진 차를 수리하고 있었다.
7. 그들은 그들의 어머니가 태어난 집을 방문했다.
8. 그녀는 그녀가 이틀 전에 잃어버렸던 결혼반지를 찾았다.
9. 그들은 옷이 더러운 나이 많은 남자를 만났다.

p138

▌명사절 접속사와 형용사절 접속사의 비교

Exercise 1)

1. 명사절 (나는 누가 그 보물을 찾게 될지 모른다.)
2. 형용사절 (그 보물을 발견한 소년은 매우 어리다.)
3. 명사절 (그는 나에게 어떤 책들을 그가 빌릴 수 있는지 물었다.)
4. 형용사절 (그가 빌리기를 원하는 책이 막 팔리려고 한다.)
5. 명사절 (그녀는 어디서 그가 나타날지 궁금해하고 있다.)
6. 형용사절 (그가 나타난 장소는 붐빈다.)
7. 명사절 /형용사절 (그는 그가 가지기 원하지 않았던 많은 돈을 가졌다고 말했다.)
8. 명사절 /명사절 (그녀가 나에게서 원하는 것은 내가 그녀를 떠나는 것이다.)
9. 형용사절 (나는 머리색이 빨간 소녀를 안다.)
10. 명사절 (누구의 디자인이 최고인지를 선택하는 것은 어렵다.)

Exercise 2)

1. who (나는 누가 당신에게 도움을 줄지 알고 있다.)
2. whom (그녀는 나에게 누구를 내가 찾고 있는지 물었다.)
3. what (그녀는 그녀의 아이들이 크리스마스에 무엇을 원하는지 안다.)
4. whose (보수적인 아버지를 둔 Steve는 머리를 기를 수 없다.)
5. Who (누가 우리를 대표하게 될지가 회의 후에 결정될 것이다.)
6. Whether (그가 성공하게 될지 아닐 지가 그의 노력에 달려있다.)
7. How (어떻게 돌고래들이 의사 소통하는지 발견되지 않아 왔다.)
8. you drive (어떻게 네가 네 차를 운전하는지가 그것의 수명에 영향을 미친다.)

Exercise 2-1)

1. how (그 장치는 어떻게 네가 나머지 모든 것을 보는지에 영향을 미친다.)
2. what (나는 그에게 내가 필요한 것을 말하지 않고 있었다.)
3. where (소방관은 부엌이 불에 붙은 집에 들어갔다.)
4. why (그녀는 왜 그가 잘하지 못했는지를 알아내려고 노력했다.)
5. who (그 구성원들은 누가 잘못이 있는지에 너무 집중하게 되었다.)
6. What (소비자들에게 혜택을 주는 것이 임금을 낮출 수 있다.)
7. where (쥐 한 마리가 그 여자가 저녁을 요리하고 있었던 부엌으로 들어갔다.)
8. that /that (내가 후회하는 한 가지 것은 내가 나의 감정을 표현하지 않았던 것이다.)

p140

▌명사절 접속사의 생략

Exercise 1)

1. I know that ~ (나는 엄마가 요리하지 않았다는 것을 안다.)
2. They hope that ~ (그들은 그들의 아이들이 모든 과목에서 높은 성적을 얻기를 희망한다.)
3. They say that ~ (그들은 그녀가 관대하지만 못생겼다고 말한다.)
4. She thought that ~ (그녀의 남자형제는 그녀에게 차를 사기에 충분한 돈을 줄 것이라고 생각했다.)
5. They noticed that ~ (그들은 어둠에 움직이는 무언가가 있다는 것을 알아차렸다.)

Exercise 1-1)

1. I hope that ~ (나는 그가 집에 안전하게 돌아올 수 있기를 희망한다.)
2. She expects that ~ (그녀는 친절한 누군가가 그녀를 도울 것이라고 기대한다.)
3. They all know that ~ (그들 모두는 그녀가 그들과 함께 있을 때 거짓말하고 있었다는 것을 안다.)
4. He promised that ~ (그는 그가 노후를 위해 돈을 저축할거라 약속했다.)
5. She thinks that ~ (그녀는 그가 그 책을 가져오는 것을 잊을지도 모른다고 생각한다.)

p142

Exercise 1)

1. something that ~ (그것은 그가 정말로 좋아하는 것이었다.)
2. a son who(m)(that) ~ (그는 그가 매우 자랑스러워 하는 아들이 하나 있다.)
3. person who(m)(that) ~ (네가 만날 사람이 너를 이롭게 할 것이다.)
4. money that(which) ~ (나의 여자동생이 내가 저축 했었던 모든 돈을 써버렸다.)
5. person who(m)(that) ~ (그는 그가 만나는 모든 사람을 위엄과 존경심을 가지고 대한다.)
6. day that(when) ~ (그것은 우리가 처음으로 만난 날이었다.)

p143

Exercise 1)

1. 나는 내가 생각하기에 잘생긴 소년을 기다리고 있다.
2. 나는 그들이 말하기에 너무 많이 먹는다는 개를 얼마나 많이 먹여야 하는지 궁금했다.
3. 그는 그가 상상하기에 그보다 위에 있는 사람들을 두려워한다.
4. 나는 내가 확신하건대 우리 회사를 많이 도와줄 누군가를 발견했다.
5. 그녀가 생각하기에 완벽했던 그 계획은 잘되지 않았다.

Exercise 1-1)

1. 내가 생각하기에 학생인 그 소녀는 어려 보인다.
2. 그들이 말하기에 온순하다는 그 개는 항상 짖는다.
3. 나는 내가 믿기에 나를 피곤하게 할 아르바이트를 거절했다.
4. 나는 내가 알기론 천재인 한 소년을 만났다.
5. 내가 생각하기에 예뻤던 그 소녀는 성형수술을 받았다.

p145

◆ 형용사절을 이끄는 접속사 실전 독해연습

Actual Exercise 1)

1. 현재는 당신이 행동에 옮길 수 있는 유일한 순간이다.
2. 이틀 동안 먹이를 공급하는데 실패한 박쥐는 죽을지도 모른다.
3. 하이킹을 완료하는 참가자는 메달을 받게 될 것입니다.
4. 우리는 어느 과학자들이나 자연세계를 연구하는 간단하고 보편적인 이유를 주도록 희망할 수 없다.
5. 사람들은 그들이 필요했던 물건에 대한 교환으로 그들이 만들었던 물건들이나 곡물들을 거래했다.
6. 나의 팀에 있던 한 사람이 그녀가 직장에서 있었던 문제를 가지고 나에게 왔다.
7. 고객들이 한 분야에서 성취하려고 노력하는 모든 결과들이 다른 결과들에 부정적인 영향을 끼친다.
8. 그는 함께 작업한 예술가들과 특별한 유대 관계를 형성했고, 그런 관계들은 그가 자신의 가장 생생하고 상징적인 이미지의 일부를 포착하는데 도움을 주었다.

Actual Exercise 2)

1. 네가 생각하기에 네가 필요한 것들에 대해 그에게 말하라.
2. 너는 네가 생각하기에 그녀가 원하는 것들을 사기로 결심한다.
3. 임원들은 그들이 생각하기에 바이어들이 필요로 하는 상품들을 만들라고 명령한다.
4. 선생님과의 관계는 학생이 컴퓨터와는 얻을 수 없는 어떤 것이다.
5. 1939년에 한 소년과 어미 잃은 아기 사슴에 관한 이야기였던 The Yearling은 퓰리처상 소설부문 수상작이 되었다.
6. 그 실험대상자들을 본인(그 또는 그녀)이 생각하기에 가장 예쁜 얼굴을 골라서는 안 된다.
7. 식사시간 동안에 스트레스에 기여하는 것은 어떤 것이든지 음식의 소화를 방해할 수 있다.
8. 사람들이 날씨나 시사문제에 대해 이야기를 시작하는 이유는 그것들(날씨나 시사문제)이 누구에게나 악의가 없고 흔한 화제이기 때문이다.

9. 다른 사람들을 귀찮게 하고 싶지 않은 십대들은 부모나 친구들에게 도움을 요청하는 것이 자신들의 문제로 그들에게 부담을 준다고 생각할지도 모른다.

Actual Exercise 3)
1. 이것은 내가 읽도록 추천받고, 정말로 유용한 여행 가이드북이다.
2. 용서는 네가 네 자신에게 주고 너를 정서적으로 자유롭게 해주는 선물이다.
3. 당신이 했고 그때 당신의 가장 강했던 욕망과는 일치하지 않았던 선택에 대해 생각해보려고 노력해봐라.
4. 수행이라는 것은 네가 하고 외부 세계에서 관찰 가능한 변화를 야기시키는 무언가 이다.
5. 위험을 감수하는 것은 보상을 가진다. 특히, 그 위험이 네가 정말 원하고 너의 삶을 더 낫게, 또 더 의미 있게 만들 수 있는 무언가를 하려고 노력할 때 그렇다.
6. 미국에서는 사람들이 노예를 소유하던 시대가 있었다.
7. 너는 네가 진정 원하는 것을 너에게 말해주는 뇌세포들의 이야기를 들어야 한다.
8. 그것은 소련 선수에 의해 섭취되었고 그들이 1980년도 올림픽에서 우승하도록 허락해준 신비한 약초로 묘사되었다.
9. 그 회사는 말라리아에 대한 원인과 분배 그리고 통제를 연구하기 위해 가능한 치료와 전이패턴을 모의 실험하는 컴퓨터 프로그램을 개발해오고 있다.

STEP 3 부사절을 이끄는 접속사
p147
Exercise 1)
1. As soon as (그녀는 편지를 받자마자, 눈물을 터트렸다.)
2. while (그는 침묵했다 /그녀가 심하게 울고 있는 동안에.)
3. Every time (그가 그의 차를 닦을 때마다, 다음날 비가 온다.)
4. after (그는 숙제를 마친 후에, 친구들과 놀러 나갈 수 있었다.)
5. before (어두워지기 시작했다 /그들이 일을 시작하기 전에.)
6. When (내가 돼지저금통을 발견했을 때, 그것은 비어있었다.)

7. since (그는 재혼하지 않고 있다 /그의 아내가 죽은 이래로)

Exercise 2)
1. Though (비록 그가 나에게 나를 사랑한다고 말하지만, 나는 그가 나를 전혀 사랑하지 않는다는 것을 안다.)
2. Since (나는 그가 나를 절대 용서하지 않을 것을 알기 때문에, 그를 만나는 것을 피하려고 노력하고 있다.)
3. Although (일본에 가본 적이 없을지라도, 나는 많은 일본인 친구들이 있다.)
4. Because (그가 노트북을 가지기를 원하기 때문에, 나는 그의 생일선물로 하나를 사줄 것이다.)
5. Even if (비록 내가 시험에 통과하지 않을지라도, 나의 부모님은 나에게 크리스마스 선물을 주실 것이다.
6. because (그녀는 문을 열지 않았다, 왜냐하면 거기에 낯선 사람이 서 있었기 때문에.)
7. Although (비록 그녀가 성형수술을 받았을지라도, 누구도 그것이 그녀를 더 낫게 만들었다고 생각하지 않는다.)

Exercise 2-1)
1. If (만약 네가 전부 A플러스를 받는다면, 내가 너에게 스마트 폰을 사주겠다.)
2. As long as (네가 시골에서 사는 한, 너는 좋은 직업을 구하지 못할 것이다.)
3. when (Vicky는 음악을 듣고 있었다 /그녀의 핸드폰이 울렸을 때.)
4. As long as (네가 계속해서 그 반지를 끼고 있는 한, 어떤 남자도 너에게 다가오지 않을 것이다.)
5. If (그가 너와 연락하길 원한다면, 그는 나에게 너의 번호를 물어볼 것이다.)
6. While (프랑스에 사는 동안, 나는 프랑스어를 배웠다.)

p152
◆ 부사절 접속사 실전 문제
Actual Exercise 1)
1. No matter how (아무리 열심히 내가 노력해도, 나

는 나의 목표에 도달할 수 없을 것처럼 보였다.)

2. so ~ that (에이미가 웃지 않으려고 너무 노력해서 그녀의 볼에 눈물이 흐르기 시작했다.)

3. Once (일단 어떤 것이 습관이 되면, 너는 그것에 대해 거의 생각하지도 않는다.)

4. While (눈이 표면을 보는 반면에, 귀는 그 표면 아래를 꿰뚫는 경향이 있다.)

5. so ~ that (다른 책들이 너무 무미건조하고 지루해서 그 결과 많은 학생들이 흥미가 떨어졌다.)

6. so that (그들이 그를 흉내 낼 수 있도록 모든 사람들은 그가 어떻게 젓가락을 잡는지 쳐다봤다.)

7. in that (이것은 사람들이 옷, 신발 혹은 자동차와 같은 것들을 사지 않는다는 점에서 모든 다른 시장들과는 다르다.

8. While (아버지가 달걀들을 안전하고 따뜻하게 보관하는 동안, 어머니는 하구 둑에서 진흙을 가져다 둥지로 나르기 시작했다 둥지의 입구를 닫기 위해서.)

9. so ~that (신 바빌론사람들이 그들의 관측들을 아주 꼼꼼하게 기록해서 그 결과 그것들을 나중에 다른 문명의 천문학자로 하여금 사용되고 보충될 수 있었다.)

10. so that (그 발상은 청소년기와 성인기의 장벽을 무너트리는 것이다, 젊은이들이 책임감의 세계로 쉽게 진입할 수 있도록.)

Actual Exercise 2)

1. Though (비록 시험 결과가 너의 미래를 위해 중요하긴 하지만, 그게 전부는 아니다.)

2. Once (일단 우리가 최악을 알면, 우리는 그것을 직면할 수 있고, 무엇을 할지 더 현명하게 대처할 수 있다.)

3. so ~that (그곳엔 너무 많은 운전자들이 있어서, 차량의 속도가 느려져 기어가다시피 했다.)

4. so~that (근로자들이 너무나 효율적이어서 높은 임금에도 불구하고 포드사의 제조비용은 더 낮았다.)

5. While (비록 그것이 코린(Corinne)에겐 어려움이었지만, 그녀는 그녀의 관객들과 눈을 맞추려는 노력을 했다.)

6. no matter how (그는 15개의 모든 전화통화를 할 것이다, 그 일을 하느라 아무리 직장에 늦게 남아있어야 한다고 해도.)

7. so ~that (우리는 이 능력을 너무 당연하게 받아들려서 우리는 이게 뭔지 좀처럼 궁금해하지도 않는다.)

8. No matter how (아무리 맛이 매력적이라 해도, 보기 안좋은 외형은 눈감아주기 어렵다.)

9. While (Joan이 식탁보를 찾는 동안, Kate는 벽에 있는 그림들을 보면서 방을 돌아다녔다.)

10. No matter how (그것이 어떻게 소리 나야 하는지 보여주기 위해서 지도자가 아무리 한 곡을 여러 번 연주해도 그의 학생들은 중요한 진전을 하지 못했다.

11. so~that (시각은 인간들에게 매우 발달해서 다른 감각에게 받는 메시지들은 종종 무시되곤 한다 만약 그것들이 보이는 것(시각)과 충돌을 일으킨다면.)

Actual Exercise 3)

1. 태양의 핵이 수축하고 뜨거워짐에 따라, 태양은 천천히 더 밝아지고 있다.

2. 아파서 누워있는 작은 베스를 생각하면서, 각각의 소녀들은 마음이 좋지 않았다.

3. 다루기 힘든 코끼리들과 일하면서, 그는 그들과 더 깊은 교감을 형성했다.

4. 그가 마지막 남은 두 개의 계란을 꺼낼 때, 그는 그 자리에 네 개가 더 있다는 것을 알아차린다.

5. 공동체가 더 커져갈수록, 몇몇의 사람들은 회고하고 논쟁을 하는 시간을 가졌다.

6. 그가 노예로 구성된 선원들 옆을 지나갔을 때, 그는 그들 중 몇몇에게 그들의 죄가 무엇인지를 물었다.

7. 그가 위층의 침실을 페인트칠하는 동안, 그 어린 소년을 그를 잠시 동안 호기심 있게 쳐다봤다.

8. 즐거움과 자부심과 소속감을 회상하면서, 그 남자는 점차적으로 흥분됐다.

9. 그 기차는 나의 목적지에 10분 일찍 도착했는데, 그것은 완벽했다. 왜냐하면 오전 10시에 회사에서 나의 새 아이디어를 발표하기로 되어있었기 때문이다.

10. 빠른 음악이 사람들로 하여금 빨리 먹게 하듯이, 이것은 사람들로 하여금 빠른 속도로 운전하게도 한다.

Actual Exercise 4)

1. 기차역으로 걸어가면서, 나는 등에 비치는 따뜻한 햇살을 느꼈다.

2. 그녀가 그녀 주위에서 발견하는 것 무엇이든지를 가지고 실험을 할 때, 너는 그녀의 기쁨을 보게 될 것이다.

3. 내가 그것을 마지막으로 본대로, 나는 동굴의 바닥 지도를 머릿속에 재구성하려고 노력했다.

4. 그녀는 커튼 뒤에 숨을 곳을 찾아서 재미있어하고 있다.

5. 그녀가 반복적으로 그러한 무서운 장면들을 보았기 때문에, 정답은 그녀의 신경학습에 놓여있을지도 모른다.

6. 노동은 사람들이 주말과 휴일을 갈망할 때조차도 부득이하게 견뎌내야 하는 짐이다.

7. 우리가 우리 자신의 삶을 살아갈 때, 우리가 만나는 모든 사람들은, 어떤 점에서는, 우리에게 정보를 주고 우리를 도울 수 있는 이야기를 가지고 있다.

8. 초반에는 도로 위에 늘어난 운전자들을 위한 충분한 공간이 있기 때문에, 각각의 추가된 차들이 교통 흐름을 느리게 하지 않는다.

p156
▌ 접속사 종합문제

Exercise 1)

1. 명사절 (내가 지금 필요한 것은 그의 돈이다.)
2. 명사절 (나는 그에게 그를 사랑했었다고 말했다.)
3. 부사절 (내가 너라면, 나는 그 돈을 받았을 텐데.)
4. 형용사절 (나는 그가 나에게 제안한 제의를 받아들였다.)
5. 명사절 (나는 그가 한 말을 믿지 않는다.)
6. 부사절 (그 전쟁이 일어났을 때, 나는 어렸다.)
7. 부사절 (그 어린 소녀는 그녀의 삼촌을 만날 때마다 운다.)
8. 명사절 (그는 잘생겼다고 말해진다.)
9. 형용사절 (나는 그녀에게 내가 어제 산 치마를 주었다.)
10. 형용사절 (이 근방에서 종종 보였던 개는 죽었다.)
11. 명사절 (나는 왜 그가 그렇게 행동했는지 이해하지 못한다.)

Exercise 2)

1. How (우리가 어떻게 걷는지는 우리 발의 건강과 아주 밀접하게 연관되어 있다.)
2. that (그가 쓴 최신의 책은 여성들에게 인기가 있다.)
3. why (나는 그녀에게 왜 약속을 지키지 않았냐고 물었다.)
4. that (나는 그의 노래들이 아주 시적이라고 생각한다.)
5. whether (너는 네가 과학을 잘하는지 생각해봐야 한다.)

6. What (너를 피곤하게 만드는 것은 너의 이기심이다.)
7. how (나는 그녀가 얼마나 오래 시카고에서 머물지 모른다.)
8. who (패스트푸드를 좋아하는 어린이들은 비만이 되기 쉽다.)

Exercise 3)

1. that_명사절(목적어) (우리 모두는 아이들이 어른들로부터 배운다는 것을 안다.)
2. that_형용사절 (인생에는 우리가 이해하지 못하는 많은 것들이 있다.)
3. whose_형용사절 (그 선생님은 이름이 Mindy인 한 소녀를 알아차렸다.)
4. when_명사절(목적어) (아무도 언제 무언가가 잘못될지 예측할 수 없다.)
5. where_형용사절 (그는 가난한 사람들이 물건을 살 수 있는 가게들을 열었다.)
6. in which_형용사절 (그는 성공이 보장되지 않는 지역(또는 분야)에 들어갔다.)
7. whether_명사절(주어) (컵이 반이 비었는지 반이 차있는지는 너의 관점에 달려있다.)
8. who_형용사절 (너는 절대 아프지 않는 것처럼 보이는 사람들을 부러워한다.)
9. Once_부사절 (일단 스트레스를 야기하는 요인이 사라지면, 스트레스(를 일으키는) 호르몬은 잠잠해진다.)
10. which_명사절(목적어) (그녀는 그녀가 어느 해에 태어났는지 잊어버렸다.)
11. so that_부사절 (그녀는 너무 부끄럼을 타서 그 결과 친구가 없었다.)
12. which_형용사절 (그녀는 많은 이야기를 했는데, 그녀가 주장하기로는 그녀 자신의 모험이었다.)

Exercise 3-1)

1. even though_부사절 (비록 민수가 잘생기긴 했지만, 그다지 똑똑하지는 않다.)
2. though_부사절 (비록 그는 그의 아들을 아주 사랑하지만, 그의 감정을 거의 표현하지 않는다.)
3. that_명사절(주어) (아이들이 좋은 교육을 받는 것은 중요하다.)

4. where_명사절(목적어) (John은 우리가 그것을 어디서 찾을 수 있는지 나에게 말해줬다.)

5. by the time_부사절 (내가 이 도시를 떠날 때쯤이면, 나는 이곳에 4달 머문 것이 될 것이다.)

6. every time_부사절 (그는 화가 날 때마다, 그의 코가 빨갛게 된다.)

7. so that_부사절 (그녀는 그의 외모를 기억하고 싶어했다 /그녀가 다른 소녀들에게 나중에 이야기 해줄 수 있도록.)

8. once_부사절 (그녀가 도착하면, 우리는 아무 때나 시작할 수 있다.)

9. what_명사절(목적어) (나는 내가 무엇을 해야 할지 모르겠다.)

10. where_명사절(목적어) (너의 책들을 어디서 샀는지 나에게 말해줄 수 있니?)

Exercise 3-2)

1. when_부사절 (내가 어렸을 때, 나는 친구를 사귀는데 힘들었다.)

2. the next time_부사절 (다음번에 뉴욕에 갈 때, 나는 발레(공연)를 볼 것이다.)

3. after_부사절 (White 부인이 그를 돌보기 시작한 이후로, 그는 느리긴 했지만 확실히 나아졌다.)

4. although_부사절 (그들은 돈이 거의 없었지만, 그 아이들은 그 돈을 다 써버렸다.)

5. which_형용사절 (Laura는 그녀를 매우 행복하게 한 메모를 받았다.)

6. when_명사절(목적어) (우리는 영화가 언제 시작했는지를 잊어버렸다.)

7. what_명사절(목적어) (우리는 그녀가 가장 좋아하는 악기가 무엇인지를 알아냈다.)

8. that_명사절(주어) (그가 여기 있다는 것이 나를 놀라게 한다.)

9. while_부사절 (내가 빵을 자르는 동안, 나의 손가락을 베었다.)

10. until_부사절 (나는 내가 그 일을 끝마칠 때까지 여기 있겠다.)

11. as_부사절 (우리가 시내에 좀 더 가까워지자, 그 버스는 점점 더 붐벼졌다.)

Exercise 3-3)

1. whenever_부사절 (그의 이름이 언급될 때마다, 그녀는 홍당무가 되었다.)

2. what_명사절(주어) /that_명사절(보어) (내가 말하려고 하는 것은 Brooke이 Amy를 좋아하는 것 같아 보인다는 것이다.)

3. that_명사절(보어) (Susan에게 문제는 그녀가 그녀의 여자형제 생일선물을 사지 않았다는 것이었다.)

4. as soon as_부사절 (그들은 일어나자마자, 비밀을 말하지 않기로 서로에게 약속했다.)

5. that_형용사절 (Cathy는 그녀의 어머니가 어렸을 때 착용한 예쁜 귀걸이를 바라보았다.)

6. that_형용사절 (나의 아들은 그가 아주 애착을 가지는 오래된 셔츠를 가지고 있었다.)

7. while_부사절 (내가 요리하는 동안, 내 아들은 내 옆에 있었다.)

8. where_형용사절 (내가 그를 처음으로 만났었던 식당은 닫혀있었다.)

9. now that_부사절 (이제 너는 학생이니까, 학교 규칙을 지켜야 한다.)

10. where_형용사절 (그녀는 살인이 발생한 현장으로 갔다.)

11. so that_부사절 (너는 너의 반지를 껴도 좋다, 네가 최선을 다할 것을 기억할 수 있기 위해서.)

p161

◆ 접속사 실전 독해연습
Actual Exercise 1)

1. 나에게 가장 깊은 감명을 준 것은 그가 자신이 하는 일을 좋아한다는 것이었다.

2. 누구도 신뢰되어서는 안 된다고 믿는 몇몇의 사람들이 있다.

3. 그들은 얼마나 잘 그 근로자가 특정한 업무들을 수행하는지에 중점을 둔다.

4. 이성적인 것처럼 보이는 일을 하는 것이 부정적인 결과를 가져올 수 있다.

5. 우리는 무엇을 우리의 양심이 우리에게 말하고 있어야 하는지를 알아내려고 노력 중이다.

6. 고정관념이 어떻게 우리가 다른 사람들을 상대하거나 대우하는지에 결코 영향을 끼쳐서는 안 된다.

7. 과거에는, 피고용인들이 하도록 지시 받은 것을 정확히 했다.

8. 네가 공부하지 못한 이유는 네가 너의 룸메이트를 병원으로 데려가야 했기 때문이야.

9. 변화를 하는 사람들은 변화가 가능한지를 묻거나, 그들이 변할 수 없는 이유들을 찾지 않는다.

10. 우리는 무엇에 우리가 가치를 두고, 어떻게 우리가 현실세계에서 우리의 가치를 구체화시킬 것인지를 결정하고 있다.

Actual Exercise 2)

1. 삶은 여러 명의 승자가 있는 게임이라는 것을 기억해라.

2. 나는 나의 아이들에게 예의 바름, 학습 그리고 질서가 좋은 것들이라고 항상 가르쳐오고 있다.

3. 한 사람이 이루는 모든 승리가 모두를 위한 돌파구가 될 수도 있다.

4. 그는 사형제도가 폐지되어야만 하는지 아닌지에 대한 에세이를 써야한다.

5. 어디에 모든 것들이 있는지 안다고 말하는 사람들은 사실은 많은 양의 정신적 용량을 사용 중이라고 판명된다.

6. 서식지의 다양성은 생명체가 존재하는 장소의 다양성을 말한다.

7. 각각의 서식지는 많은 종들의 집인데, 그들 중 대부분은 그 서식지에 의존한다.

8. 연구원은 각각에게 차례로 어느 선이 가장 긴지를 물었다.

9. 어떤 나쁜 소식을 막 들은 사람은 종종 무슨 일이 일어났는지에 대해 처음에는 부인하는 경향이 있다.

10. 그것들은 무엇을 우리가 보는지, 우리가 누구를 사랑하는지 그리고 어디서 우리가 다음으로 갈 것을 희망하는지를 나타낸다.

11. 만약 그들이 알기에저품질의 상품을 생산하라는 지시를 받았더라면, 그들은 어쨌든 그것을 수행했다.

Actual Exercise 3)

1. 너는 세상을 하나의 큰 대회로 간주하는데, 거기선 모든 사람들이 다른 모든 사람들을 견제하며 경쟁한다.

2. 나쁜 운전의 결과로부터 운전자들을 지키려는 조치들이 나쁜 운전을 부추긴다.

3. 자선단체에 기부를 하는 사람들은 그 자선단체가 무슨 일을 하고 있는가와 그것이 실제로 긍정적인 영향을 끼치고 있는가에 관한 증거를 찾을 지도 모른다.

4. 그곳에서 볼 수 있던 대단한 것은 학생들의 대다수가 20분도 채 안되어 점심을 끝마쳤다는 것이다.

5. 한 동료는 언제가 한번 (이러한) 발언을 한 적이 있었다, 그들이 생각하기에 그것이 내가 그렇게 까다로운 환자들의 믿음과 신뢰를 얻어낸 이유라고.

6. 이 방법은 약물, 기증된 피, 그리고 의료품들이 청결하고 안전한지 확인하기 위해서 전 세계적으로 사용된다.

7. 그 연구원들은 실험대상자들이 그들이 실제로 이룬 것과 그들이 정해놓은 목표 리스트들을 비교하였다.

8. 목 위에 위치한 근육을 쓰면서 일하는 사람들이 그들 스스로에게 온갖 스트레스를 발생시킨다는 것을 보여주는 많은 연구들이 있다.

9. 지난 60년 동안, 기계식 공정이 우리가 생각하기에 인간에게만 있는 행동과 재능을 복제해왔기 때문에, 우리는 우리를 다르게 만드는 것에 관한 우리의 생각을 바꿔야만 했다.

10. 우리가 무엇을 먹을지는 논리와는 별로 상관이 없고, 우리가 믿기에 음식인 것과 모든 상관이 있다.

11. 그 관계의 성공적인 관리는 결정적으로 얼마나 많이 서로에 대해 알고 있느냐에 달려있다.

Tip! 이 문장에 있는 that은 접속사가 아니라 바로 뒤의 relationship을 바로 꾸며주는 지시 형용사이다.

12. 비록 같은 나이 대에 속해있는 사람들이 많은 점에서 다를지라도, 그들은 그들이 인생을 통해 가지고 가는 일련의 가치관과 공통의 문화적 경험을 공유하는 경향이 있다.

◆ 동격

Actual Exercise 1)

1. 나의 가장 친한 친구 중 한 명인 Tom은 1985년 4월 4일에 태어났다.

2. 오늘 최종 결정을 내릴 필요가 없습니다.

3. 놀랍게도, 그녀는 그 제안에 대해 아무런 이의를 제기하지 않았다.

4. 일부는 미소를 짓고 시선을 맞추려는 특별한 노력을 했다.

5. 이 엄선된 작품들은 여러분이 디자인을 바라보는 방식을 바꾸어 놓을 겁니다.

6. 풍자가는 그들을 조롱의 대상으로 만들기에 충분한 결점들을 그들에게서 찾아낸다.

7. 당신은 일을 하는 기존 방식에 이의를 제기하고 혁신할 수 있는 기회를 찾아야 한다.

8. Francis Ford Coppola가 제작하고 감독한 영화인 Apocalypse Now는 폭넓은 인기를 얻었는데, 그럴 만한 이유가 있었다.

9. 작년에 나는 극장에서 예술 행사를 무대에 올리는 것을 담당하는 직원들과 함께 이번 공연을 할 수 있는 대단히 좋은 기회를 얻었다.

10. 하버드 연구원들에 의한 한 새로운 연구는 당신의 식탁에서 통조림으로 된 수프와 주스를 없앨 설득력 있는 이유를 제공할 수도 있다.

11. 그는 국내와 해외에서 극 예술의 위대한 대표적 인물들을 볼 기회인 폭넓은 교육의 이점을 그에게 줄 수 있었던 한 부유한 남자의 아들이었다.

12. 이집트는 밀수업자들의 지하도 내 활동을 감시하기 위해 가자와 이집트의 국경에 유럽의 병력이 배치되어야 한다는 제안에도 침착하게 반응했다.

Unit 6 3단계: 절 심화학습
A 분사구문

STEP 1 분사구문 만들기
p171

Exercise 1)

1. I taking a bus, he called me. (버스에 탔을 때, 그는 나에게 전화를 했다.)

2. I talking with a stranger, my brother was crying. (내가 낯선 이와 이야기 하는 동안, 내 남자형제는 울고 있었다.)

3. She made me a cake, asking me if it was delicious. (나에게 케이크를 만들어줬다 그리고 나에게 그것이 맛있느냐고 물었다.)

4. He having dyed his hair, I could recognize him easily. (그가 머리를 염색을 해서, 나는 그를 쉽게 알아차릴 수 있었다.)

5. Not being there, I can hardly imagine how severely they fought. (그곳에 없었기 때문에 나는 그들이 얼마나 심하게 싸웠는지를 거의 상상할 수 없다.)

6. Having thrown a party in her own house, she had to have a hard time to clean up. (그녀는 그녀 자신의 집에서 파티를 열었기 때문에, 청소하느라 애를 써야 했다.)

7. Not wanting to join them, I made an excuse. (그들과 함께하기 싫어서, 나는 변명을 했다.)

Exercise 2)

1. 공통점이 하나도 없어서, 그들은 그렇게 친하지 않다.

2. 그들이 그 문제를 토론하는 동안, 그녀는 자고 있었다.

3. 내가 이 클럽(동아리)를 10년 동안 참여했기 때문에, 탈퇴하는 것을 주저했다.

4. 여동생이 있으므로, 나는 내 옷들을 그녀에게 물려줄 수 있을 것이다.

5. 나의 선생님을 마주쳤을 때 나는 한마디로 하지 못하였다.

6. 그녀는 화가 났기 때문에, 나는 그녀를 위로하려 하였다.

7. 내가 길거리에서 전단지를 나누어주고 있어서 그는 나를 알지 못하는 척 했다.

Exercise 2-1)

1. 그 팀을 보았을 때 그녀는 팀 멤버들이 손을 흔들며 미소 짓는 것을 발견했다.

2. 우리가 집을 청소하는 동안에, 나의 어머니께서는 소

파에서 주무시고 계셨다.

3. 그것이 이상하다고 느꼈기 때문에, 그녀는 뜰로 들어갔다.

4. 비록 그 사고에서 심하게 다쳤기 때문에, 그는 병원에 갔다.

5. 지쳤기 때문에, 나는 집에 있기로 선택했다.

6. 다른 이들은 행복했다, 그들이 열심히 일하고 있다고 생각하면서.

7. 그녀는 한 소년에게 다가가서 그에게 편지를 주었다.

STEP 1 with 분사구문
p173
Exercise 1)

1. with her legs crossed. (그녀는 다리를 꼰 채로 의자에 앉았다.)

2. with his eyes closed. (그는 눈을 감은 채로 그의 여자 친구에 대해 생각하고 있었다.)

3. with her mouth full. (Ann은 그녀의 입에 (음식물 등을) 가득 채운 채로 나에게 말하려 했다.)

4. with her arms folded. (그녀는 팔짱을 낀 채로 서 있었다.)

5. with the TV turned on. (그는 TV를 켠 채로 잠이 들었다.)

Exercise 1-1)

1. with tears running down his cheeks. (그는 연설을 하고 있었다, 눈물이 그의 뺨을 타고 흐르면서.)

2. with books on her head. (그녀는 졸고 있었다, 책들을 머리 위에 올린 채로.)

3. with their hands held together. (그들은 미소 지었다, 그들의 손을 맞잡은 채로.)

4. with the cell phone turned on. (나는 시험을 치렀다, 핸드폰이 켜진 채로.)

p174

◆ 분사구문 실전 독해연습
Actual Exercise 1)

1. 심호흡을 하면서 그는 자신의 보드를 집어 들고 바다로 달려 들어갔다.

2. 간단한 기술 테스트 후에 참가자들은 자신들의 수준에 따라 훈련을 받게 됩니다.

3. 그녀는 일어섰다, 그녀의 머리카락에 붙어있는 약간의 지푸라기는 신경 쓰지도 않으면서.

4. 그들은 해가 지는 것을 배경으로 하고 축구를 즐겼다.

5. 헨리 마티즈(Henri Matisse)는 그림 그리기를 늦게 시작했다, 왜냐하면 아버지를 기쁘게 하기 위해서 변호사가 되려는 훈련을 받았었기 때문이다.

6. 에렛(Ehret)은 주로 걸어서, 식물들을 관찰하고 그의 예술적인 기술을 발전시키면서 유럽 전역을 여행하고 다녔다.

7. 어린 청년 당시 침례교도로 개종했던, 그는 전도하기 시작했다.

8. Cassady의 조언을 따르지 않고, 그는 낙심했으며, 자신의 자료들을 치우고, 만화 제작을 직업으로 삼는 것을 잊기로 했다.

9. 그녀의 친구가 흥미를 유지하려고 애쓰는 것을 지켜보면서, Laurie는 그녀가 어느 정도의 격려가 필요하다고 판단했다.

10. 일반적인 마을은 집들이 원형의 경계에 배열되어 있는, 대략 900피트의 직경이다.

Actual Exercise 2)

1. 40세의 나이에 권력을 쥐게 됐을 때, 아우렐리우스(Aurelius)는 그의 남동생 루시우스 베루스(Lucius Verus)와 자발적으로 통치권을 나누었다.

2. 비에 흠뻑 젖은 머리카락이 그녀의 얼굴에 붙은 채로, 줄레아(Juleah)는 주디스 더크(Judith Dirk)를 힐끔 쳐다보았다.

3. 건조한 기후에 잘 적응된 도카스 영양들은 건조한 날씨 동안 아주 농축된 소변을 만들어낸다.

4. 교장은 고등학교 생활의 어려운 점과 스릴들에 대해 이야기하면서, 열정적으로 학생들에게 연설하고 있었다.

5. 대학교를 졸업한 후 Rawlings는 저널리스트로 일하

면서 동시에 소설가로 자리매김하려고 애썼다.

6. 일을 하고자 하고, 일을 할 수 있는 증가하는 수의 연장자들이 우리 사회에서 하찮게 여겨지면서, 정년제 문제는 갈수록 더 논의되어지고 있다.

7. 회의에 참석하고 있으면, 너는 몇몇의 사람들이 현재 회의와 상관없는 업무를 하고 있는 것을 보게 될 것이다.

8. 그 법은 타당한 것처럼 들렸고 빠르게 인기를 얻어 몇 년 안에 백 개가 넘는 다른 지역 의회에서 그 법을 따랐다.

9. 대부분의 양서류는 비록 어떤 양서류는 독성이 있어야 장갑을 끼고 다뤄야만 하며 접촉 후에 손은 눈과 입으로부터 멀리해야 하고, 또 잘 씻어야 하지만 실험용 표본화에 있어서 비교적 다루기 쉽다.

B 가정법

STEP 1 가정법 과거와 과거완료
p177

Exercise 1)

1. lent (만약 네가 나에게 얼마간의 돈을 빌려준다면, 나는 버스를 탈 수 있을 텐데.)

2. had lent (만약에 네가 나에게 얼마간의 돈을 빌려줬더라면, 나는 버스를 탈 수 있었을 텐데.)

3. had been (내가 만약에 잘생겼었더라면, 그녀는 나의 청혼을 받아들였을 텐데.)

4. were (내가 만약 잘생겼다면, 그녀는 나의 청혼을 받아들일 텐데.)

5. quit (만약 내가 일을 그만둔다면, 사업을 시작할 수 있을 텐데.)

6. had thought (만약 수지가 이 회의를 중요하게 생각했더라면, 그녀는 참석했을 텐데.)

Exercise 1-1)

1. had liked (만약에 내가 너를 좋아했다면, 나는 너를 기다렸을 텐데.)

2. would have died. (만약에 그녀가 그에게 거짓말하지 않았다면, 그는 죽었을 텐데.)

3. were (만약 내가 그녀의 남자 친구라면, 나는 그녀를 위해 많은 돈을 쓸 텐데.)

4. would drive (만약 내가 차가 있다면, 나는 그녀를

학교로 태워줄 텐데.)

5. lived (만약에 그녀가 이 동네에 산다면, 나는 그녀를 매일 방문할 텐데.)

6. had gone (만약 우리가 택시를 타고 갔더라면, 우리는 시간을 절약했을 텐데.)

STEP 2 혼합 가정법
p178

Exercise 1)

1. had started (내가 만약 돈을 절약하기 시작했더라면, 나는 지금 힘들지 않을 것이다.)

2. had lent (만약에 네가 나에게 돈을 빌려줬다면, 나는 지금 너를 싫어하지 않을 것이다.)

▌가정법 종합

Exercise 2) (예시 답안입니다.)

1. If you won the lottery, you would be rich. ~당신은 부자일 텐데.

2. If you had won the lottery, you could buy the car. ~당신은 지금 그 차를 살 수 있을 텐데.

3. If you hadn't met him/her, you would have been unhappy. ~당신은 불행했을 텐데.

4. If you hadn't met him/her, you would not be married now. ~당신은 지금 결혼하지 않았을 텐데.

5. If you had not put his name on the death note (만약에 당신이 그의 이름을 데스노트에 남겨놓지 않았더라면), ... he would not have killed himself. (그는 자살하지 않았을 텐데)

6. If she had taken the mystery pill (만약에 그녀가 그 신비한 약을 먹었더라면), she would have found the entrance to the Wonderland. (그녀는 이상한 나라로 들어가는 입구를 찾았을 텐데.)

STEP 3 여러 가지 가정법
p180

Exercise 1)

1. were (내가 신이면 좋겠는데.)

2. had met (내가 그때 그녀를 만났더라면 좋았는데.)

3. were (그 외국인은 마치 그가 한국인인 것처럼 유창하게 말한다.)

4. had read (그는 마치 그가 어제 그 소설을 다 읽은 것처럼 말한다.)

5. were (그녀는 마치 지금 속상한 것처럼 보인다.)

6. could not (그의 돈이 없다면, 나는 그렇게 비싼 차를 영원히 살 수 없다.)

7. could not have bought (그의 돈이 없었더라면, 나는 그 당시 그 집을 사지 못했을 것이다.)

8. had (나는 콧수염이 있으면 좋을 텐데, 왜냐하면 내가 좋아하는 소녀가 있는데, 그녀는 콧수염이 있는 남자를 좋아한다고 말하기 때문이다.)

9. hadn't stolen (나는 그 돈을 훔치지 않았더라면 좋았을 텐데. 나는 3년째 감옥에 있어.)

Exercise 2) (예시 답안입니다.)

1. He wishes she told him something.

2. He wishes she had told him something.

3. She tries to act as if she were not sick.

4. He acted as if he had not been sick.

5. She started crying as if her heart were broken.

Exercise 3) (예시 답안입니다.)

1. I wish he would propose to me. 나는 그가 나에게 청혼하길 바란다.

2. I wished I had been/were taller. 나는 내가 키가 컸었더라면/컸으면 바랬다.

3. I cook as if I were a star chef. 나는 내가 마치 스타 요리사인 것처럼 요리한다.

4. I walked as if I were dreaming/drunk. 나는 내가 마치 꿈꾸는/술 취한 것처럼 걸었다.

5. Without you, I would be lost. 네가 없다면, 나는 길을 잃을 것이다. (정말 길을 잃는다는 소리가 아니고, 비유적 표현)

6. Without your help, it would have been impossible to finish the work on me. 너의 도움 없었더라면, 그 일을 제시간에 끝마치는 것이 불가능 했을 것이다.

p182

◆ 가정법 실전 독해연습

Actual Exercise 1)

1. 그녀는 그의 머리 위에 밀가루를 얹었다(문맥상: 뿌렸다), 마치 그가 회색 머리카락을 가지고 있는 것처럼 보이게 하기 위해서.

2. 내과의사들은 더 이상 모든 유아들이 고통에 둔감한 것처럼 행동해서는 안 된다.

3. 우리는 때때로 (그런 휴가들)이 정말 살 가치가 있는 삶의 유일한 부분이라는 듯이 휴가를 계획한다.

4. 만약에 선박들이 불에 타지 않았더라면, 코르테스(Cortes)함대는 다른 대안이 있었을 것이다.

5. 우리 종들은 살아남지 못했을 것이다, 만약에 우리 대부분이 일에 대한 취향을 발달시키지 않았더라면.

6. 대공황은 어쩌면 빨리 끝날 수도 있었을 것이다, 만약에 정책가들이 착수단계로부터 적합한 도구를 썼거나, 아니면 좀 더 빨리 (대공황을 끝내는 일에) 착수 했다면.

7. 그 액체를 빨리 첨가하지 않았다면, 그 여파는 훨씬 더 심각했을 것이다.

8. 그것은 그에게 받아들일 만한 자리였을 것이다, 만약에 그가 여전히 프로듀서였더라면.

9. 모든 이들은 그녀가 괴물이라도 되는 것처럼 그녀를 응시하고 있었다.

10. 그는 뒤돌지 않고 성큼성큼 걸어갔다, 마치 그가 아무것도 듣지 않은 것처럼.

Actual Exercise 2)

1. 나는 마치 그 박스가 잠겨져있는 것처럼 느꼈다.

2. 그날은 마치 불가사의한 뭔가가 앞에 있는 것처럼 평소와 달리 안개가 꼈다.

3. 그녀가 없었더라면, 그는 학교를 중퇴했을지도 모른다.

4. 우리는 마치 그것이 너무 천천히 온다고 발견한 것처럼 미래를 예측한다.

5. 네가 그 문제를 전에 본 적이 없었던 것처럼 다루는 게 가장 좋다.

6. 만약 우리의 소방대원들이 제시간 안에 그 현장에 도착할 수 있었더라면, 그것(불)은 그렇게 널리 그리고 그렇게 빨리 퍼지지 않았을 것이다.

7. 만약 그것이 그녀에게 제공되었더라면, 그러한 자리

를 그녀가 받아들였을 것이라는 조짐은 없다.

8. 만약에 이 점이 하얗거나 녹색과 비슷하다면, 너의 수박은 너무 빨리 수확해서 아직 익어야 할 만큼 익지 않은 것일 수도 있다.

9. 만약 그가 마을로 걸어갈 수만이라도 있었더라면, 그는 구조되었을 것이다.

10. 그녀는 마치 그녀가 말하는 방법을 방금 배운 것처럼 들리는 억양을 가지고 있다.

Unit 7 비교
A 원급 비교
STEP 1 원급 비교
p185

▌원급 비교

Exercise 1)

1. 그녀는 내가 한만큼 열심히 일했다.

2. 그는 나만큼 키가 크지 않다.

3. 그는 내가 가지고 있는 것만큼 좋은 취미를 가지고 있다.

4. 그는 그녀(가 너를 좋아하는 것)만큼 너를 좋아한다.

5. 그는 너를 (가) 그녀(를 좋아하는 것)만큼 좋아한다.

p186

▌배수 비교

Exercise 1)

1. 그는 너의 두 배에 달하는 돈이 있다.

2. Tom은 그 식사값의 두 배를 지불하였다.

3. 그 강은 한강보다 세 배는 더 길다.

STEP 2 원급으로 최상급 표현
p187

Exercise 1)

1. 나는 가능한 빨리 달렸다.

2. 나는 가능한 빨리 달렸다.

3. 그는 지금까지 살았던 어느 음악가보다도 훌륭한 음악가이다.

4. Susan은 이 세상의 어느 누구만큼이나 아름답다.

5. Tom은 극도로 행복하다.

STEP 3 원급 비교 관용표현
p189

Exercise 1)

1. 그는 여전히 친절하다.

2. 그는 가수이기보다는 소설가이다.

3. 그는 그 자신의 생일조차도 기억하지 못한다.

4. 그는 무려 네 대의 차를 가지고 있다.

5. 그는 사백만 달러만큼의 돈이 있다.

6. 그는 일찌감치 1990년에 대학에서 졸업했다.

7. 나는 그를 어제 저녁에나 되어서 만났다.

8. 그들의 회사는 거의 망한 것과 다름없다.

B 비교급
STEP 1 비교급과 최상급 만들기
p191

Exercise 1)

1. smarter/(the) smartest

2. hotter/(the) hottest

3. prettier/(the) prettiest

4. more famous/(the) most famous

5. more beautiful/(the) most beautiful

Exercise 1-1)

1. bigger/(the) biggest

2. shorter/(the) shortest

3. earlier/(the) earliest

4. more humorous/(the) most humorous

5. more useful/(the) most useful

Exercise 1-2)

1. farther /(the) farthest

2. better/(the) best

3. worse/(the) worst

4. more/(the) most

5. less/(the) least

STEP 2 비교급
p192
Exercise 1)
1. 그는 나보다 훨씬 더 열심히 일했다.
2. 그녀는 그녀가 예상한 것보다 더 많은 팬레터를 받았다.
3. 이 기계는 저것보다 훨씬 더 우수하다.

STEP 3 비교급으로 최상급 표현
p193
Exercise 1)
1. Betty는 다른 어떤 학생보다 더 좋은 성적을 받았다.
2. Paul은 그의 학급에 있는 다른 모든 학생들보다 더 총명하다.
3. John은 그의 수업에 있는 누구보다 더 키가 컸다.
4. 이 세상에 있는 어떤 (다른) 산도 한라산보다 더 아름답지는 않다.

p196
STEP 4 비교급 관용구 1
Exercise 1)
1. 그녀가 그렇지 않은 것처럼 그도 키가 크지 않다.
2. John이 그렇지 않은 것처럼 Peter도 배가 고프지 않다.
3. 나는 키가 고작 175cm이다.
4. 그의 동생이 그렇지 않은 것처럼 Bob도 활동적이지 않다.
5. 가수 PSY가 일본인이 아니듯 Jane은 중국인이 아니다.
6. 그녀는 고작 꼬마일 뿐이다.

Exercise 1-1)
1. 자동차가 비싼 것과 마찬가지로 저 시계는 비싸다.
2. 지하철이 빠른 것과 마찬가지로 내 자전거도 빠르다.
3. 그의 시험성적만큼이나 나의 점수도 높다.
4. 강아지가 귀여운 것과 마찬가지로 고양이도 귀엽다.
5. 강아지만큼이나 고양이도 귀엽다.
6. Kelly가 예쁜 것처럼 Kate도 그렇다.

Exercise 1-2)
1. 그 기둥은 저 나무보다 더 두껍지 않다.
2. 그 잔은 많아야 반이 차있다.
3. Tom은 그의 여동생보다 성실하지 않다.
4. 그녀는 많아야 스무 살이다.

Exercise 1-3)
1. 저 개는 공연장 못지않게 시끄럽다.
2. 너는 적어도 2주 동안 조심해야 해.
3. Andrew는 레슬링 선수 못지않게 힘이 세다.
4. 그녀는 적어도 3일간은 집에 있어야 한다.

Exercise 1-4)
1. 저 꽃의 냄새는 하수구와 다름없다.
2. 그 도서관은 동물원과 다름없다.
3. 그녀는 사기꾼과 다름없다.
4. 그는 도둑과 다름없다.

Exercise 1-5)
1. 나는 더 이상 수영을 하러 가지 않는다.
2. Bob은 더 이상 숙제를 하지 않을 것이다.
3. 나는 더 이상은 교회에 가지 않는다.
4. 나는 더 이상은 그녀를 사랑하지 않는다.

Exercise 1-6)
1. 나는 수업시간에 잘 만큼 어리석지 않다.
2. 그는 어두워진 후에 나갈 만큼 어리석지 않다.
3. 나는 그런 말을 할 만큼 어리석지 않다.
4. 그녀는 휴대폰을 잃어버릴 만큼 어리석지 않다.

STEP 5 비교급 관용구 2
p199
Exercise 1)
1. 칼이 날카로울수록, 더 잘 자를 것이다.
2. 내가 그를 더 알수록, 나는 그를 더 좋아한다.
3. 더 많이 생각할수록, 나는 더 모르겠다.
4. 더 가질수록, 사람은 더 이기적이게 된다.
5. 집이 클수록, 비싸다.

6. 더 열심히 공부할수록, 너는 더 이해한다.

7. 시간이 지남에 따라 날씨가 점점 더워진다.

8. 그는 점점 더 공부했고 그의 성적은 점점 더 좋아졌다.

p200
◆ 비교급 관용표현 종합문제
Exercise 1)

1. 그녀가 그렇지 않은 것처럼 너는 바보가 아니다.

2. 그는 더 알아갈수록 나는 그가 더 좋아진다.

3. 말이 그렇지 않은 것처럼 고래도 물고기가 아니다.

4. 네가 그런 것처럼 그는 유죄이다.

5. 그는 너보다 더 성실하지 않다.

6. 건강에 있어서 신선한 공기만큼이나 빛도 필수적이다.

7. 그는 거지나 다름 없다.

8. 날씨가 점점 더 추워고 있다.

9. 그들은 그녀를 비판할 만큼 어리석지 않아야 한다.

10. 불 없이 벽돌이 만들어 질 수 없듯이 시행착오 없이 위인이 탄생할 수 없다.

11. 그가 그녀의 남자 친구가 아닌 것처럼 그녀도 그의 여자 친구가 아니다.

12. 그의 여자형제가 그렇지 않은 것처럼 George도 성실하지 않다.

13. 그녀의 엄마가 그런 것처럼 Julie도 아름답다.

14. 나는 내가 그랬던 것만큼 많이 그가 그것을 즐기기를 바란다.

15. John은 Sean만큼이나 똑똑하다.

16. 그의 의견은 적어도 내가 예상한 것이다.

Exercise 1-1)

1. 나는 그를 다시 믿을 정도로 어리석지 않다.

2. 액수는 기껏해야 1000달러였다.

3. 그녀의 빚은 적어도 5000달러는 된다.

4. 더 열심히 일할수록 더 많이 얻는다.

5. 나는 더 이상 그들을 만나고 싶지 않다.

6. 지금이 가장 좋은 때다.

7. 적어도 최악은 넘겼다.

8. 이것은 그의 추측에 지나지 않는다.

9. 더 많이 가질수록 더 많이 원한다.

10. 그는 더 이상 참을 수 없다.

11. 그는 더 이상 대학에서 철학을 가르치지 않는다.

12. 나는 더 이상 못 견디겠다.

13. 그녀는 예전과 다름이 없다.

15. 그는 고작 거짓말쟁이일 뿐이다.

16. 칼이 그런 것처럼 망치도 위험하다.

C 최상급
STEP 1 최상급

p203
Exercise 1)

1. 그는 모든 소년들 가운데 가장 잘생겼다.

2. 마드리드는 세계에서 가장 큰 도시이다.

3. 그는 내가 여태껏 본 가장 잘생긴 소년이다.

4. 바르셀로나는 스페인에서 두 번째로 큰 도시이다.

5. 그는 이 도시에서 가장 용감한 남자들 가운데 하나이다.

6. 이 호수는 한국에서 가장 깊은 호수이다.

7. 마지막에 웃는 자가 가장 통쾌하게 웃는다.

8. 그는 나의 가장 절친한 친구이다.

STEP 2 최상급 관용구
p204
Exercise 1)

1. 그녀는 조금도 슬프지 않았다.

2. 그는 많아야 23살이다.

3. 그 식사는 별로다, 하지만 적어도 저렴하다.

4. 그 해결책은 기껏해야 일시적일지 모른다.

Exercise 2) 다음 주어진 관용구를 비교급 같은 표현으로 바꾸세요.

1. not better than 기껏해야, 잘해야

2. not less than (-보다 적지 않게), 적어도

3. not more than 기껏해야

p205

◆ 비교 실전독해연습

Actual Exercise 1)

1. 2015년에 공정무역의 판매는 2010년의 판매보다 두 배 더 많았다. .
2. 그는 일어서려고 열 번 넘게 시도해 보았지만 결코 해낼 수 없었다.
3. 유산은 과거를 기억하는 것만큼 과거를 잊는 것에 관한 것이다.
4. 그는 예전만큼 그가 잘하지 않다는 것을 느꼈다.
5. 그는 그의 전성기로 기억되고 싶었다.
6. 이것은 달팽이나 음파를 연구하는 것보다 훨씬 더 어려운 작업이다.
7. 한 사건이 사회적으로 더 많이 공유되면 될수록, 그것은 사람들의 마음에 더 많이 자리 잡을 것이다.
8. 구독 가격이 보통 낱권을 살 때 가격보다 최소 50퍼센트는 더 싸다.
9. 그녀가 그녀의 삶에 대해 더 말해주면 줄수록, 나는 그녀와 그녀의 관점들을 더 많이 이해하게 되었다.
10. 그들은 재미있는 농담보다 더 즐기는 것이 없다. (그들이 가장 즐기는 것은 재미있는 농담이다.)
11. 네 가지 유형의 윤리적 농산물 중에서 유기농의 판매는 2010년에 가장 높은 위치를 차지했지만, 2015년에는 두 번째로 높은 위치를 차지했다.

Actual Exercise 2)

1. 이 단단한 장애물이 멀리 떨어져 있을수록, 메아리가 되돌아오는데 시간은 더 오래 걸릴 것이다.
2. 더 복잡한 일련의 생각에 우리가 몰두하면 할수록, 주의산만을 일으키는 장애는 더 커진다.
3. 나는 최대한 빠른 시간 안에 그 집으로부터 가능한 멀리 떨어지고 싶었다.
4. 나에게 있어서 문을 잠갔는지 점검하지 않고 집을 나설 가능성이 없는 것은 옷을 입지 않고 (집을) 나설 가능성이 없는 것과 같다.
5. 식물들은 온기가 있는 것을 최대한 활용해야 한다.
6. 벽돌이 불 없이 만들어질 수 없는 것처럼 위대한 사람은 시련 없이 만들어질 수 없다.
7. 그 구멍이 클수록, 그것을 채우는 데에는 더 오래 걸릴 것이다.

8. 더 많은 공들을 저글링하려고 할수록, 너는 (그 중) 하나를 놓칠 가능성이 더 높아진다.
9. 깁스(Gibbs)씨는 알리다(Alida)가 그를 필요로 하는 것만큼 그녀를 필요로 하는 것 같았다.
10. 우리가 서로를 더 완벽하다고 생각할수록, 우리의 사랑은 더 오래 지속될 것이다.
11. 그 세균들이 새로운 (세균들이 번식할 수 있는) 근원을 더 자주 찾을수록, 그들은 더 많은 산을 생산한다.

Unit 8 특수구문

A 강조

STEP 1 강조구문

p209

Exercise 1)

1. (목적어) 내가 만난 건 바로 그였다.
2. (목적어) 내가 오랫동안 미워했었던 사람은 바로 그녀의 남자형제였다.
3. (부사구) 내가 그를 본 건 바로 그 식당에서였다.
4. (주어) 나에게 진실을 말해준 사람은 바로 민지였다.

Exercise 2)

1. (진주어) 그녀가 명령들을 무시했다는 것은 놀라웠다.
2. (강조) 공원에서 견인된 것은 바로 나의 차였다.
3. (강조) 항상 나를 많이 도와주는 것은 바로 당신이다.
4. (강조) 나를 울게 한 것은 바로 슬픈 이야기였다.
5. (진주어) 우리가 쓰레기를 매일 버린다는 것은 비밀이다.

p210

◆ 강조구문 실전 독해연습

Actual Exercise 1)

1. 전쟁에 의미와 정당화를 부여한 건 바로 적의 존재이다.
2. 당신이 만족시키려하는 것은 바로 당신의 쾌락이다.
3. 아이큐 테스트에서 잘하는 아이들은 모든 것을 잘 배울 것이라는 것은 바로 사실이다.

4. 그가 그 자신을 독립적인 패션 및 초상화 사진작가로 확고히 할 수 있었던 것은 그가 파리로 간 1928년에서야 였다.

5. 영화가 우리가 오늘날 알고 있는 영향력을 대중문화에 끼치기 시작한 것은 지난 세기의 전환점이 지나고 나서였다.

6. 도구를 만들 수 있는 능력이 여전히 유일하게 인간의 능력이라고만 여겨지고 있을 때, 도구를 만드는 침팬지의 능력의 첫 번째 증거를 관찰했던 건 바로 구달(Goodall)이었다.

B 병렬
p212
▌등위접속사에 의한 병치

Exercise 1)

1. Mike는 정치가, 사업가이자 선생님이다.

2. 그녀는 키가 크고, 아름답고 열정적이다.

3. 그 일은 능숙하게 그리고 성공적으로 처리되었다.

4. 그는 몇몇의 파트타임 일들과 개인적인 집안일이 있다.

5. 그 아기를 돌보고 먹이는 것은 상당히 어렵다.

6. 그는 만화책을 읽는 것과 만화를 그리는 것에 관심이 있다.

7. 놀랍고 당황한 그녀는 울음을 터뜨렸다.

8. 그녀는 흥미진진한 이야깃거리를 가지고 있고 그녀를 계속 추측하게 만드는 탐정소설을 좋아한다.

STEP 2 상관접속사에 의한 병치
p213

Exercise 1)

1. wrote plays → a play writer (셰익스피어는 음악가가 아니라 연극작가이다.)

2. artistic → an artist (그는 과학자이자 예술가임에 틀림없다.)

3. respectful → respect (Peter는 그 늙은 예술가에게 대단한 관심뿐만이 아니라 존경을 가지고 있다.)

4. Either David → David either 또는 or get fired → he will get fired (Davis는 관리자에게 복종하거나 해고될 것이다.)

5. or → nor (그는 그녀가 예쁘지도 않고, 매력적이지도 않다고 말했다.)

p214
◆ 병렬 실전 독해연습
Actual Exercise 1)

1. 그는 프랑스의 경제를 교착상태에서 털어버리고 현대로 나아가게 한 그 계획을 시초(시작)하였다.

2. 그 개간된 토양은 미네랄과 영양이 풍부했으며 실질적인 생산량을 제공했다.

3. 그 실수들은 직접적인 손실의 관점과 그 산업의 이미지의 측면 둘 다에서 희생이 컸다.

4. 그녀는 그녀의 고객들뿐만 아니라, 그녀가 자주 어울렸던 여자들에게서도 쉽게 정보를 알아내었다.

5. 산업자본주의는 노동을 창조하였을 뿐 아니라 그것은 그 단어가 갖고있는 현대적 의미에서 '여가' 또한 창조하였다.

6. 각각의 사람 안에는, 다양한 감각기관들이 등록하는 정보를 반영하고, 그런 경험들을 지시하고 통제할 수 있는 놀라운 능력이 있다.

7. 우리는 당신에게 포트리스티엠(FortressTM)이 어떻게 너의 강점들을 향상시키고 너의 약점들을 치료할 수 있는지를 보여준다.

Actual Exercise 2)

1. 또한 중요한 것은 우리가 모으는 정보의 양이 아니라 얼마나 의식적으로 그것을 받느냐에 있다.

2. 부담을 주고, 너의 일일 목표와 기능을 방해하고, 쓰라림을 유발시키는 그 어떤 도움을 주는 행동이라도 분명히 행복으로 가는 길에 역효과를 낼 것이다.

3. 부유하고 권력이 있는 자들은 특권이 없는 자들(돈과 권력이 없는 자들)보다 부동산을 더 많이 소유할 뿐 아니라 또한 더 많은 시각적인 공간도 가진다.

4. 아기들은 자신들이 안겨지고 말이 걸어져 올 때, 부모님들의 품속에 파고들며 그들 자신이 위로 받는 것을 허락한다.

5. 만약 너의 지지하는 말들이 비판적인 말들보다 비중이 더 크다면, 상대방은 네가 그들의 생각을 고려하고 있다는 것에 안도하고 네가 말하는 것에 더욱 수용

적일 것이다.

6. 시간은 한 시간이나 하루 안에 삼켜져 버린다는 것이 아니라, 정교하고 점진적이며, 서두르지 않고 소비된다는 것으로 여겨진다.

7. 자질과 가치관들은 부모들로부터 자식들에게로 세대에 거쳐 유전자의 가닥들뿐만 아니라, 공통된 문화규범들을 통해서도 물려진다.

C 도치구문

STEP 1 부정어 도치
STEP 2 only 부사구 도치
STEP 3 장소부사구 도치
p217

▌ 부정어 도치

Exercise 1)

1. 나는 그녀가 되돌아 올 것이라고 거의 생각하지 못했다.

2. TV에서는 그 배우를 보기 힘들다.

3. 나는 그처럼 훌륭한 광경을 본적이 없다.

▌ only 부사구 도치

Exercise 1)

1. 그때에서야 나는 그녀의 부재를 알아차렸다.

2. 많은 어려움을 동반하고서야, 그는 문제를 해결할 수 있었다.

3. 그가 집에 돌아왔을 때에서야 비로소 그는 소식을 들었다.

▌ 장소부사구 도치

Exercise 1)

1. 박스 안에는 몇몇의 오래된 편지들이 있었다.

2. 테이블 위에는 사과들이 있다.

p218

◆ 도치 실전 독해연습

Actual Exercise 1)

1. 우리는 그러한 새로운 생산기술의 폭발적인 증가를

경험해 본 적이 없다.

2. 오로지 그들을 인정함으로써, 너는 더 명확한 그림을 얻기 시작할 수 있다.

3. 아이들은 상호작용들에 기여할 뿐만이 아니라, 그렇게 함으로써, 그들 자신의 발달 결과에도 영향을 미친다.

4. 정확히 어떤 종류의 음악이 사람들을 어떤 기분에 놓는 경향이 있는지를 알아내려는 과학연구는 행해진 적이 거의 없다.

5. 오직 모든 개인들의 결합된 노력들만이, 어떤 한 개인이 절대 혼자서는 만들어 내길 바랄 수 조차 없는, 아름다운 음악을 만들어 낼 수 있다.

6. 남자아이들을 두고 벌이는 경쟁이 주요 문제가 되는 데이트 할 나이가 돼서야 여자들은 여성적인 행동에 관심을 가지게 되었다고 전한다.

7. 참가자들은 쉽게 발음할 수 있는 회사들의 주가가 다른 회사들을 능가할거란 것뿐만 아니라 그들은 또한 후자(발음이 쉽게 되지 않는 회사들)의 주가가 전자들이 올라가는 동안 내려갈 것이라고 예측했다.

8. 얼마간의 시간과 투쟁 후에야 그 학생은 그가 이러한 사고방식의 중심성과 적절성을 보는 것이 가능하게 해준 통찰력과 직관을 발전시키기 시작한다.

9. 곤궁한 사람을 돕는 것에 대한 종교적인 금언이나 철학적인 원칙이 없더라도, 똑같이 행동을 했을지 아닌지 질문 받았을 때, 홉스(Hobbes)는 그랬을 것이라고 대답했다.

p223

◆ 수의 일치 실전 독해연습

Actual Exercise 1)

1. (are) 많은 학생들이 졸업 후 취직을 위해 열심히 공부한다.

2. (own / has) 지난 10년 동안 총을 소지한 여성의 수가 빠르게 증가해왔다.

3. (are) 내 급우들 중 3분의 2가 졸업 후 직장을 알아볼 예정이다.

4. (are) 전국의 학군에서 학생들의 정보 보호를 책임지고 있는 기술 담당 최고 책임자들은 머리를 쥐어뜯고 있는 중이다.

5. (were) 그는 1940년대에 일부 지역에서 많은 한

국인들이 혹독한 환경에서 노동을 강요 받았다는 것을 인정했다.

6. (continues) 크루즈를 타는 사람들의 수는 계속해서 늘어나고 있고, 크루즈 노선에 대한 불평의 수도 마찬가지이다.

7. (does) 최근의 보고서에 따르면, 미국인들이 소비하는 설탕의 양은 매년 크게 다르지 않다.

8. (require /has) 그 회사가 채용 대행사를 바꾼 이후로 고객 응대 절차에 대한 폭넓은 교육을 필요로 하는 새 고용인의 수는 줄어들었다.

p224

◆ 최종 기출 실전 종합문제

Actual Exercise 1)

1. 네가 해야 할 (모든) 것은 taborm.com 웹사이트로 가서 등록하기 위해서 로그온 하는 것이다.

2. 네가 어떻게 배우는지는 네가 무엇을 배우는지 만큼 중요하다.

3. 그들은 들어오는 이 메일을 읽고 응답하기 위해서 그들이 하던 일을 항상 멈춘다.

4. 그는 내가 잘못하고 있는 것들이 무엇인지 지적하기 위해서 시간을 냈고, 나의 몇몇 학생들이 나에 대해서 좋아하지 않는 것들이 무엇인지 설명했다.

5. 이것은 듣는 모든 이들이 그들이 실제로는 아주 높은 기준들을 가지고 있다는 것을 알게 해주는 방법이다.

6. 여가와 오락분야들에서 쓰이는 많은 다른 여행(계획)의 구상들이 있는데 그런 구상은 시간이 지남에 따라 바뀐다.

7. 나는 네가 무대로 가서 네가 완벽하게 익힌 가장 최신의 탱고 춤 동작들을 보여주는 것을 보길 바란다.

8. 여성들에게 마케팅을 하는 것은 오늘날 관심이 많은 주제이고 그들의 마케팅 자료나 로고에 핑크색을 약간 입히는 것이 충분할 것이라고 생각하는 기업들은 매우 빨리 패배자의 자리에 앉게 될 것이다.

9. 시의 공무원들은 주도(주의 중심지)로 계속 찾아갔다, 고속도로의 소음을 조용히 시키는 것에 대해서 뭔가가 행해지도록 요청하려고.

10. 우리가 잘못이 있을 지도 모른다는 것을 암시하는 어떤 순간적인 생각들도 일반적으로 더 강력한 자기 정

당화의 생각들에 의해서 극복된다.

11. 선택을 한 후에, 그 결정은 우리의 예측된 기쁨을 궁극적으로 바꾸는데, 선택된 옵션으로부터 예측된 기쁨은 강화시키고, 거부된 옵션으로부터 예측된 기쁨은 감소시키면서.

12. 우리가 믿기에 우리가 누구인가는 우리가 어떤 사람이 되길 원하는지에 대해 우리가 한 선택들의 결과이며, 우리는 이후 다양하고 종종은 미묘한 방식들로 다른 사람들에게 이러한 욕망의 유사성을 보여준다.

Actual Exercise 2)

1. 네가 너의 청중들에게 전달하길 원하는 마지막 것은 (절대 전달하기 싫은 것은) 그들이 그 일에 부적당한 누군가를 선출하고, 선택하고 임명했다는 것이다.

2. 브랜드 전략에 여성을 성공적으로 포함시키기 위해서, 우리는 여성들이 남성들과 다르게 생각하는 방식을 이해할 필요가 있다.

3. 나의 기술들과 능력들을 관찰하는데 필요한 적절한 시간의 양의 부족이 아마도 내가 나의 현재 감독과 가게 매니저에게 받아 마땅한 것보다 더 낮은 평가를 받는다는 것이 주요 요인이었다.

4. 어떻게 다른 인종의 아이들이 함께 노는 지를 연구하기 위해서 자연스러운 관찰을 사용하는 한 심리학자는 아이들 집단이 학교 운동장이나 공원에서 노는 것을 관찰하곤 했는데, 발견되지 않기 위해서 그 스스로 거리를 유지하곤 했다.

5. 지난 50년 내내 동물원 전시장은 단순히 동물들을 보유하고 전시하도록 디자인된 간단한 우리로부터 동물들이 대중들로부터 숨겨진 채로 남겨지면서도 또한 방문객들이 동물들에게 최소한의 방해만을 제공하는 정교한 울타리로 변형되고 있다.

6. 수년 동안 과학자들은 박물관에서 죽은 동물의 유해를 연구하고 실험실 동물을 면밀하게 관찰했지만 자기 지역 동물원에서의 기회를 그냥 간과해버렸다.

7. 다른 사람에 의해서 정해진 마감시간을 지켜야 한다고 느끼며 어떻게 그들이 일을 했는지 거의 말하지 않는 사람들이 고용 유연성이 높은 사람들보다 관상동맥 심장병 증세를 나타낼 위험이 50퍼센트 더 높았다.

8. 이러한 아이들의 학교 교육의 부족은 그들이 가난으로부터 벗어나는 것을 가능하게 해줄 직업을 얻는 것을 어렵게 만들 것이고 그들 자신의 문맹으로 이끌었던 상황들을 재창조할 것이다.

9. 당신은 과부하에 걸리고 싶지 않으면, 누구를 도와줄 것이며 네가 얼마나 개입되는지에 대해서 아주 선별적이어야만 한다.

10. 상황에 맞게 규칙을 바꾸는 방법을 아는 것이 바로 실용적 지혜가 무엇인지에 대한 모든 것이다.

11. 판유리들 만드는데 쓰이곤 했던 기술들은 둥글면서 대부분이 평평한 판을 만들기 위해서 녹은 유리를 돌리는 것이다.

12. 그 규칙은 Hewitt가 2명의 동료들과 만들었고 시의회가 통과시키도록 했는데 소규모를 초과하는 개발은 모두 해당 건물의 에너지 필요량의 10%를 (자가)생성할 수 있는 능력을 갖추어야 하고 그렇지 않으면 개발업자는 건축허가를 받지 못하게 될 것이라는 내용이었다.

Actual Exercise 3)

1. 비록 널리 받아들여지는 목표는 아니지만, 최고의 과학은 실제로 무지를 개선하는 것으로 여겨질 수 있다.

2. 어떻게 나의 꿈이 현실이 될 수 있는지에 대해서 생각하는 것이 나에게 큰 기쁨을 주었다.

3. 우리는 분노와 부정적인 생각과 감정을 억제할 필요가 있다고 말하는 것이 우리가 우리의 감정을 부인해야만 한다는 것을 의미하는 것은 아니다.

4. 대부분의 개들이 사람들보다 훨씬 더 행복한 이유는 개들은 외부 상황에 우리들처럼 영향을 받지 않기 때문이다.

5. 사람들을 믿고 권한을 주는 것은 또한 네가 이루어야 하는 것들에 대해서 집중할 수 있게 허락해준다.

6. 비록 이 접근이 이전에 해결되었던 것들과 비슷한 문제들에 대해서는 잘 먹힐지 모르지만, 이것은 종종 실패한다.

7. 한 직원이 그나 그녀가 수행 능력을 향상시키는데 진정으로 도움을 줄 수 있는 피드백을 받기 위해서, 그것은 규칙적으로 더 빈번하게 제공되어야만 한다.

8. 학교 체육 교육 프로그램은 청소년들이 개인적으로 의미 있고 즐거운, 평생에 걸친 활동들에 대한 능력을 개발시키도록 허락해주는 균형 잡힌 다양한 활동들을 제공해야 한다.

9. 기부하는 행위를 연구하는 심리학자들은 어떤 사람들은 한두 자선단체에 상당한 액수를 기부하는 반면에, 어떤 사람들은 많은 자선단체에 적은 액수를 기부한다는 것을 알아차렸다.

Actual Exercise 4)

1. 그 아이디어는 국가들이 이제는 그들이 얼마나 역사적으로 그 문제에 대해 책임이 있었는지에 따라 이제는 배기가스 삭감의 부담을 공동으로 져야 한다는 것이다.

2. 그녀는 그녀가 젊은 엄마였을 때, 그녀가 가지고 있던 유일한 로스팅팬(고기 따위를 굽는데 쓰는 팬)이 일반적인 굽기를 위해선 너무 짧았다고 설명했다.

3. 나를 불편하게 하는 것은 좋은 행동이 장려책들과 함께 강화되어야 한다는 발상이다.

4. 인터넷에 대해 위험한 것은, 이것이 이것 주변에 기술의 기운을 가지고 있기 때문에 완전히 자격 없는 즉각적인 신뢰성을 가진다는 것이다.

5. 몇 년 전에 실시된 영국의 한 설문조사에서 모든 미디어 광고의 5분의 1이 남성이라기보다는 여성을 타겟으로 한다는 사실에도 불구하고, 여성들 중 91퍼센트는 광고주들이 그들을 이해하지 못한다는 느낌을 받았다는 것이 드러났다.

6. 우리의 눈앞에 있는 것과 우리가 머릿속에 가지고 있을 수 있는 생각들 사이에는 거의 독특하다 싶은 상관관계가 있다.

7. 더 깨끗한 자동차들이 원해진다는 것이 결정되니까, 덜 오염을 일으키는 차들이 생산될 것이다.

8. 순록은 물에 떠 있는 동안, 코를 물 위로 내놓으려고 애쓰면서 가지진 뿔을 높이 쳐들고 천천히 움직이기 때문에, 유례없이 공격받기 쉬운 상태가 된다.

9. 비록 이집트인들이 이 점에 있어서 몇 가지 대단한 업적을 달성했다는 것이 인정되지만, 이에 대한 이유는 그들 작품의 외적 크기와 거대함이 아니다.

10. 탄자니아의 Hadza 수렵 채집인 사이의 음식 선호에 관한 연구는 가장 높은 열량 값을 가진 식품인 꿀이 가장 많이 선호되는 식품이었음을 발견했다.

Actual Exercise 5)

1. 아이들이 지닌 창의력은 그들의 성장 기간 내내 길러질 필요가 있다.

2. 직장에서 우리가 할 수 있는 것을 확인하는 것은 우리가 하는 전문적 일의 질을 높이는 데 도움이 된다.

3. 산업 사회가 정보 기반 사회로 진화해가면서, 하나의 상품, 그 나름의 가치를 가진 하나의 제품으로서의 정보의 개념이 등장했다.

4. 방문하는 자녀들은 부모님이나 조부모님이 예전에 어떠했는지를 기억하고 그들의 무능함에 우울해질 수밖에 없다.

5. 잘 알고 있거나 많이 연습한 과제를 하거나 활동을 하는 동안 (다른 사람에 의해) 지켜봐지는 것은 수행 능력을 향상시키는 경향이 있다.

6. 우리가 현재 '주요' 사회 운동(예를 들어, 기독교 사상, 노동조합 운동, 또는 남녀평등주의)으로 여기는 것의 많은 것이 본래는 거침없이 말하는 소수 집단의 영향력 때문에 생겨났다.

7. 어린 물고기는 몸집이 큰 동물들보다 훨씬 더 적은 수의 알을 낳으며, 현재 많은 기업적인 어업이 너무나도 집중적이어서 성숙기의 연령을 지나서 2년 넘게 살아남는 동물들이 거의 없다.

8. 이것은 놀라운 것으로 보일 수 있는데, 초기의 목화 농장주들은 자신들의 기계를 가능한 한 오랫동안 가동하기를 원했고, 자신들의 일꾼들에게 매우 오랜 시간을 일하도록 강요했기 때문이다.

9. 지난주의 점심에 대한 여러분의 기억이 사라졌다는 것은 아니다. 만약 어디서 그것을 먹었는지, 또는 그것을 누구와 함께 먹었는지와 같은 적절한 단서가 제공된다면, 여러분은 접시에 무엇이 담겨 있었는지를 아마도 기억해 낼 것이다.

10. 그가 알고 있지 못했던 것은 관리 직원들이 요청받았던 Bosendorfer 피아노를 발견할 수 없었고, 그래서 대신에 그들이 나쁜 상태에 있던 아주 작은 Bosendorfer를 설치했다는 것이었다.

부록

- 불규칙 동사 변환표
- to부정사와 동명사를 목적어로 하는 동사

불규칙 동사 변환표

기본 형태	의미	과거형	p.p형	기본 형태	의미	과거형	p.p형
be	- 이다/있다	was/were	been	light	불을 켜다	lit/-ed	lit/-ed
beat	치다	beat	beat(en)	lose	잃다	lost	lost
become	-이 되다	became	become	make	만들다	made	made
begin	시작하다	began	begun	mean	의미하다	meant	meant
bend	구부리다	bent	bent	meet	만나다	met	met
bet	내기하다	bet	bet	pay	지불하다	paid	paid
bite	물다	bit	bitten	put	놓다	put	put
blow	불다	blew	blown	quit	그만두다	quit	quit
break	깨뜨리다	broke	broken	read	읽다	read	read
bring	가져오다	brought	brought	ride	타다	rode	ridden
broadcast	방송하다	broadcast	broadcast	ring	울리다	rang/-ed	rung/-ed
build	세우다	built	built	rise	오르다	rose	risen
burst	터뜨리다	burst	burst	run	뛰다	ran	run
buy	사다	bought	bought	say	말하다	said	said
catch	따라잡다	caught	caught	see	보다	saw	seen
choose	선택하다	chose	chosen	seek	찾다	sought	sought
come	오다	came	come	sell	팔다	sold	sold
cost	비용이 들다	cost	cost	send	보내다	sent	sent
creep	기(어가)다	crept	crept	set	두다	set	set
cut	자르다	cut	cut	sew	꿰매다	sewed	sewn
deal	분배하다	dealt	dealt	shake	흔들다	shook	shaken
dig	파다	dug	dug	shoot	쏘다	shot	shot
do	하다	did	done	show	보이다	showed	shown
draw	그리다	drew	drawn	shrink	줄어들다	shrank	shrunk
drink	마시다	drank	drunk	shut	닫다	shut	shut
drive	운전하다	drove	driven	sing	노래하다	sang	sung
eat	먹다	ate	eaten	sink	가라앉히다	sank	sunk
fall	떨어지다	fell	fallen	sit	앉다	sat	sat
feed	먹이다	fed	fed	sleep	잠자다	slept	slept
feel	느끼다	felt	felt	slide	미끄러지다	slid	slid

기본 형태	의미	과거형	p.p형	기본 형태	의미	과거형	p.p형
fight	싸우다	fought	fought	lie	눕다	lay	lain
find	찾아내다	found	found	speak	말하다	spoke	spoken
fit	-에 맞다	fit	fit	spend	소비하다	spent	spent
flee	달아나다	fled	fled	spit	뱉다	spat/spit	spat/spit
fly	날다	flew	flown	split	쪼개다	split	split
forbid	금하다	forbade	forbidden	spread	펴다	spread	spread
forget	잊다	forgot	forgot	spring	튀다	sprang	sprung
forgive	용서하다	forgave	forgiven	stand	서다	stood	stood
freeze	얼다	froze	frozen	steal	훔치다	stole	stolen
get	얻다	got	got	stick	들러붙다	stuck	stuck
give	주다	gave	given	sting	찌르다	stung	stung
go	가다	went	gone	strike	치다	struck	struck
grow	자라다	grew	grown	swear	선서하다	swore	sworn
hang	걸다	hung/규칙	hung/규칙	sweep	휩쓸다	swept	swept
have	가지다	had	had	swim	헤엄치다	swam	swum
hear	듣다	heard	heard	swing	흔들리다	swung	swung
hide	숨기다	hid	hidden	take	취하다	took	taken
hit	때리다	hit	hit	teach	가르치다	taught	taught
hold	갖고있다	held	held	tear	찢다	tore	torn
hurt	상처내다	hurt	hurt	tell	말하다	told	told
keep	계속하다	kept	kept	think	생각하다	thought	thought
kneel	무릎을 꿇다	knelt/-ed	knelt/-ed	throw	던지다	threw	thrown
drink	마시다	drank	drunk	understand	이해하다	understood	understood
drive	운전하다	drove	driven	shut	닫다	shut	shut
eat	먹다	ate	eaten	sing	노래하다	sang	sung
know	알다	knew	known	sink	가라앉히다	sank	sunk
lay	놓다/낳다	laid	laid	wake	깨다	woke	woken
lead	이끌다	led	led	wear	입다	wore	worn
leave	떠나다/남기다	left	left	weep	울다	wept	wept
lend	빌리다	lent	lent	win	이기다	won	won
let	-시키다	let	let	write	쓰다	wrote	written

to부정사와 동명사를 목적어로 하는 동사

❶ to 부정사를 목적어로 사용하는 3형식 동사들

바램·소망	want, hope, wish, desire, expect, would like, care 등
결심·계획	choose, decide, determine, plan, promise 등
동의	agree, consent 등
제의	offer 등
요구	demand 등
거절	refuse 등
기타	fail, manage, tend, pretend, bother 등

- I **planned to** give her a present.
  나는 그녀에게 선물 하나를 줄 것을 계획했다.
- I **decided to** enter college.
  나는 대학에 입학할 것을 결심했다.
- I **managed to** escape the cave.
  나는 동굴을 가까스로 탈출했다.

❷ 동명사를 목적어로 사용하는 3형식 동사들

완료	finish, give up, quit 등
회피	avoid, escape, miss 등
연기	postpone, delay 등
싫어함	hate, mind, dislike, detest 등
인정	admit, acknowledge, deny 등
생각	consider, imagine, recall 등
기타	forgive, allow 등

- I **finished** do**ing** my homework.
  나는 내 숙제를 하는 것을 마쳤다.
- I **avoided** meet**ing** him.
  나는 그를 만나는 것을 피했다.
- I **dislike** do**ing** my laundry.
  나는 세탁을 하는 것은 싫어한다.

❸ 동명사 · to 부정사 둘 다 목적어로 사용하는 3형식 동사들

■ 의미 차이가 거의 없는 경우

▶ like, love, prefer, hate 등
▶ begin, start, continue, intend, attempt 등

- **I like to** play basketball. = I **like** play**ing** basketball.
  나는 농구하는 것을 좋아한다.

- **I began to** run. = I **began** runn**ing**.
  나는 달리기 시작했다.

■ 시제 및 의미 차이가 있는 경우

▶ remember, forget, regret to-v: 미래의 일 (~할 것을)
▶ remember, forget, regret –ing: 과거의 일 (~했던 것을)

- I **remember** see**ing** him before. • I **remember to** see him tomorrow.
  나는 이전에 그를 봤었던 것을 기억한다. 나는 내일 그를 볼 것을 기억한다.

- I **regret** be**ing** honest to you. • I **regret to** have to do this.
  나는 너에게 정직했던 것이 유감이다. 나는 이것을 해야만 하는 것이 유감이다.

▶ try to-v: ~하려고 애쓰다, 노력하다
▶ try –ing: 시험 삼아 ~ 해보다.

- She **tried to** understand his stance. • She **tried** mov**ing** the rocks.
  그녀는 그의 입장을 이해하려고 노력했다. 그녀는 바위를 옮기려고 시도했다.

▶ mean to-v: 의도하다
▶ mean –ing: 의미하다

- I didn't **mean to** bother you.
  나는 너를 괴롭힐 의도는 아니었다.

- Being an honest person **means** be**ing** a good person.
  정직한 사람이 된다는 것은 좋은 사람이 된다는 것을 의미한다.

▶ stop to-v: ~하기 위해 멈추다.
▶ stop –ing: ~을 그만두다.

- He **stopped to** smoke. • He **stopped** smok**ing**.
  담배를 피우기 위해 멈추다. 그는 담배를 끊었다.

수능X내신
고등 영문법
2400제